Peter Hahne

Seid ihr noch ganz bei Trost!

Schluss mit Sprachpolizei
und Bürokraten-Terror

QUADRIGA

Dieser Titel ist auch als Hörbuch und E-Book erschienen.

Originalausgabe

Copyright © 2020 by Bastei Lübbe AG, Köln

Umschlaggestaltung: Tanja Østlyngen
Umschlagfoto: Olivier Favre, Köln
Satz: fuxbux, Berlin
Gesetzt aus der Proforma
Druck und Einband: GGP Media GmbH, Pößneck

Printed in Germany
ISBN 978-3-86995-096-9

5   4   3

Sie finden uns im Internet unter www.quadriga-verlag.de
Bitte beachten Sie auch: www.lesejury.de

Inhalt

7 Allah, Kita, Gummibärchen

15 Berlin und die Rosinenbomber-Blamage

19 Der Anfang vom Ende der Meinungsfreiheit

28 Klassenkampf an der Wursttheke

31 Von Christenverfolgung,
Heuchelei und Karl Lagerfeld

36 Kann man sich das Sparen sparen?

38 Selbstbedienungsladen namens Staat

40 Justiz in der Vertrauenskrise

44 Die befallsunabhängige Dauerbeköderung

46 Strafversetzt nach Germany
und Elite auf der Flucht

50 Keine Willkommenskultur für die Bundeswehr

54 Greta und die Gnadenlosigkeit der Klima-Religion

64 Wissenschaft wider Winnetou

67 Von hysterischen Müttern und coolen Richtern

70 Zweierlei Ma(r)ß

71 Und ewig läutet die Kuhglocke

73 Von redenden Pulten und der
Bürger*innenmeister*innenwahl

80 BMW, Abraham und Jesus

84 Neue Tees mit alten Eso-Sprüchen

86 Wahlversprechen: Lügen wie gedruckt

90 Politiker und Journalisten zwischen
Gutdenk und Neusprech

97 Behördenterror – oder: Ordnung muss sein

100 Zug und Flug: ein Fluch?

103 Der Herzinfarkt einer blutleeren Kirche

108 Schulprobleme schnell gelöst

111 Das verschwiegene Schwert

113 Politik – ein gnadenloses Geschäft

118 Meinungspolizei mit Maulkorberlass

123 Was bringt Deutschlands Zukunft?

Allah, Kita, Gummibärchen

Wer nicht zur Selbstkritik neigt, sollte auch andere nicht kritisieren. Ich habe mich oft gefragt: Lag ich in meinen Büchern der letzten Jahre richtig, wenn ich vor einer schleichenden Islamisierung unserer Gesellschaft warnte? Meine Kirchenfreunde und Kollegen sahen das meist so: Das ist ihnen alles zu schwarz-weiß. Ich würde zur Übertreibung neigen. Ich kontere meist scherzhaft mit dem alten Goethe, der einst sinngemäß sagte: Übertreibung macht anschaulich.

Doch nach Jahren stelle ich fest und muss dafür fast um Entschuldigung bitten: Ich habe untertrieben. Ich war nicht deutlich genug. Ich hätte es mit all meinen Hintergrundinformationen aus Politik und Polizei besser wissen müssen. Die meisten, allen voran die sogenannten Eliten in ihrer wohligen Wellness-Parallelgesellschaft, verharmlosen, verniedlichen, verdrängen – bis es zu spät ist. Ein Journalist dagegen hat wach und wahrhaftig, kritisch und kantig zu sein. Auch als bekennender Christ.

Der grüne (!) Ministerpräsident Winfried Kretschmann sprach von »testosteron-gesteuerten Männerhorden« und meinte die Clans der Gewaltbereiten unter den jungen Zuwanderern. Empörung bei seinen Partei-»Freunden«, Bestätigung in der Realität: Kaum ein Freibad zum Beispiel, in dem man im Sommer 2019 frei schwimmen konnte. Immer wieder Gewalt und Bandenkriminalität. Aus Düsseldorf meldete die Polizei, dass sechzig nordafrikanische Jugendliche die Kontrolle über ein Freibad übernommen hatten, bis endlich die Polizei gerufen wurde und dem Spuk ein Ende machte. Mehrere Tage wurden die Besucher terrorisiert, Frauen ergriffen die Flucht. Die alles andere als rechtspopulistische Frauenzeitschrift *EMMA* kommentiert: »Frauen werden in Freibädern zu Freiwild« – und zwar für ganze Gruppen junger Migranten. Punkt.

Es fehlen deutschlandweit 2500 Bademeister, war die Alarmmeldung des Hitzesommers. Klar, wer will das auch noch machen, wenn inzwischen Sicherheitspersonal oder Polizei postiert werden müssen, um den Steuer- und Eintrittszahlern Frieden im Freibad zu garantieren. In vielen Schwimmbädern gibt es mittlerweile Messerkontrollen, in Kehl am Rhein sogar Stacheldraht. Im grün-schwarzen Baden-Württemberg!

Doch im Kleinen, sozusagen im Symbolischen, fängt es an: Ich warnte auch in meinen Sendungen davor, nicht das Tafelsilber unserer Traditionen für ein schweinefleischfreies Linsengericht zu opfern: Weihnachtsmärkte werden zu »Wintermärkten«, St.-Martins-Zug zum »Lichterfest«, selbst kirchliche Kindergärten kuschen. Alles übertrieben? Das empfanden jedenfalls höchstrangige Polit-Funktionäre in den öffentlich-rechtlichen Aufsichtsgremien. Klar, wer in einer großbürgerlichen Parallelwelt mit abgeschotteten Schul- und Kita-Möglichkeiten lebt, den kann das kaltlassen. Aber wehe, das nennt mal jemand beim Namen ...

Ich habe mich bis zu meinem letzten Arbeitstag nicht »disziplinieren« lassen. Gegen handwerkliche Kritik habe ich nichts einzuwenden. Doch Meinungsfreude und Überzeugungskraft einschränken zu wollen, das hat seit dem

9. November 1989 keinen Platz mehr auf deutschem Boden. Mainstream ist meine Sache nicht. Eine Eigenschaft, eine Gabe fehlt mir einfach: Ich kann mich nicht hinstellen und sagen oder – wie in diesem Buch – schreiben: »Dies hier sind meine Überzeugungen. Und sollten Sie damit nicht einverstanden sein: Ich habe auch andere ...«.

Nun ist alles viel schneller und schlimmer gekommen. Parteien, Kommunen, Kirchen kapitulieren. Tischgebete verschwinden, Krippe und Nikolaus werden verbannt, Speisepläne verändert.

Beispiel Leipzig Sommer 2019: Zwei Kitas wollten komplett jegliches Schweinefleisch entfernen – alle Kinder werden also in Mithaftung genommen, obwohl Bratwurst und Buletten dort immer Trumpf waren. »Auch wenn es nur eine (muslimische) Familie wäre, die das Seelenheil ihres Kindes aus religiösen Gründen durch unreines Schweinefleisch beeinträchtigt sieht, setze ich diese Neuerung jetzt durch«, so der Leiter der Kindergärten. Seelenheil contra Schweinefleisch! Im aufgeklärten Deutschland.

Eins spricht für ihn: Er sagt klar, warum so entschieden wird. Er windet sich nicht mit billigen Ausflüchten. Viele Kinder-Kantinen tun ja so, als ginge es um die Gesundheit und nicht um die Religion. Das ist so, als schaffte man den traditionellen Tannenbaum zu Weihnachten nicht wegen Multikulti ab, sondern aus Gründen des Brandschutzes. Da müssen oft Begründungen die Wahrheit verschleiern, dass man denkt: Sind die denn noch bei Trost und glauben, die Menschen nehmen ihnen das ab?!

Und als ob es nicht reicht, Kindern das Schnitzel madig zu machen, ist deutsche Gründlichkeit mit ihrer Unkultur der Hypermoral konsequent bis ins Letzte: Der Leipziger Kita-Chef schreibt an die Eltern, zu Festen und Geburtstagen künftig keine Süßigkeiten mehr mitzubringen. Gesundheit? Dickmacher? Nein: »Diese Nahrungsmittel haben Schweinefleischbestandteile wie Gelatine, das darf nicht mehr angeboten werden.« Gummibärchen stehen also auf dem mittelalterlichen Index einer modernen, ach so bunten Gesellschaft. Na, toll! Da wird bunt mit bekloppt verwechselt, Respekt mit Unterwerfung.

Die dänische Stadt Randers setzte ein Zeichen gegen diesen naiven Mainstream: Alle Kinder in Schulen und Kitas sollten bewusst die Traditionen des Landes lernen, vor allem die Migranten. Und deshalb gehöre auch Schweinefleisch auf die Speisepläne öffentlicher Einrichtungen, um »Nationalgerichte« kochen zu können. Vom »Frikadellenkrieg« war dann die Rede – allerdings weniger im selbstbewussten Dänemark als im weichgespülten Deutschland.

Was vor allem fassungslos macht: Völliges Schweigen oberster Kirchenfunktionäre, die derweil eifrig mit Seenotrettungsplänen, Klimaprogrammen und Gender-Gerechtigkeit beschäftigt sind. Dass der verweigerte Handschlag eines muslimischen Polizeibeamten für eine Frau oder der Speiseplan einer Kita mehr als nur eine Lappalie im Überschwang der Integration sind, registrieren die wenigsten. Höchstens Islamkenner aus den eigenen Reihen wie Professor Bassam Tibi, die Soziologin Necla Kelek, die Juristin Seyran Ateş oder der Psychologe Ahmad Mansour merken, was die Stunde wirklich geschlagen hat. Oder die Alt-Feministin Alice Schwarzer, wacher als die halbe CDU.

Seyran Ateş schreibt im Berliner *Tagesspiegel*: »Es ist mir zu billig, jegliche Islamkritik ins rechte Eck zu stellen. Religionskritik war schon immer Teil einer Religion ... Es gibt Fakten, an denen kommt man nicht vorbei. Die Krise der politischen Mitte [in Deutschland] ist mitunter ein Resultat der Ignoranz gegenüber Fakten, die Menschen Unbehagen bereiten.« Erschütternd, was sie, die Tag und Nacht von Leibwächtern der Bundespolizei geschützt wird, aus ihrem Alltag berichtet: »Von wem bekomme ich Morddrohungen, Häme und Hetze? Zu 98 Prozent von Muslimen ... Ja, ich als Muslimin fürchte mich mehrheitlich vor Muslimen.«

Im Fall Leipzig und all den täglich neuen Ergebenheitsbeschlüssen wird gegen alles verstoßen, wofür Demokratie erkämpft wurde. »Minderheitenschutz wird zur Mehrheitsverachtung« (Ralf Schuler). Von Bulette & Co. hängt in unserer aufgeklärten Kultur kein Seelenheil ab. Für niemanden. Durch das muslimische Minderheitendiktat, unterstützt von naiven Gutmenschen, wird mal eben die Trennung von Staat und Religion außer Kraft gesetzt.

Um nichts weniger geht es. Das steht auf dem Spiel. Auf Schnitzel und Gummibärchen kann verzichten, wer will, auf das Grundgesetz und die Freiheitliche demokratische Grundordnung nicht. Niemand! Die *FAZ* kommentiert den Fall Leipzig: »Rücksichtnahme ist keine Unterwerfung. Auch dann nicht, wenn sie Muslimen zugutekommt.« Richtig! Nur: Wo wird Rücksichtnahme zum Tarnwort für Unterwerfung?

Statt diese Dimension, diesen Appell »Wehret den Anfängen!« zu erkennen, macht ausgerechnet ein von Spenden finanziertes »christliches Medienmagazin« Stimmung gegen die Presse (auch gegen die renommierte Nachrichtenagentur *dpa*!). Das erinnert an Ahmad Mansour, der in meiner Sendung betonte: Die meisten Probleme habe er ausgerechnet mit den christlichen Kirchen, die alle seine Warnungen als Übertreibung verniedlichen und verharmlosen.

Manche Menschen meinen, es sei doch soooo schön, wenn Bischöfe Zuckerfeste feiern und zum Ramadan grüßen. Sehen denn nur Kinderärzte, wie unverantwortlich und gegen alle Rechtsstaats-Prinzipien muslimische Schulkinder von ihrer Religion gezwungen werden, trotz größter Hitze nichts zu trinken?! Kultusminister jammern in ihren Sonntagsreden, eingegriffen hat niemand. Fasten, bis der Arzt kommt ...

An vielen Schulen, so berichten Lehrer, weigern sich Jugendliche, während des Ramadan am Schwimmunterricht teilzunehmen. Sie könnten ja Wasser in den Mund bekommen. Ernsthaft. Ein Rektor meinte: »Ramadan ist Gift für Kinder und deren Leistungsfähigkeit.« Es gäbe so etwas wie einen Wettbewerb, wer am konsequentesten fastet.

Seit den horrenden Wahlerfolgen des türkischen Präsidenten Erdogan in Deutschland kämen selbst liberale türkische Mütter plötzlich mit Kopftuch zum Elternabend, unter den Schülerinnen habe das Kopftuchtragen signifikant zugenommen. Einschüchterung pur. Überall wird Kontrolle befürchtet. »Man kontrolliert sich gegenseitig in steter Furcht vor dem Identifikationsverlust« (Ahmad Mansour). Man sollte meinen: Gott sei Dank ist das in unserem Staat des Grundgesetzes verboten und vorbei. Doch ausgerechnet Journalisten, die zwar die Folter des Erdogan-Regimes an unseren Kollegen beklagen, verschließen ganz fest die

Augen vor dessen verheerendem Einfluss auf hier lebende Muslime.

Die verbotenen Gummibärchen sind der Anfang der Scharia, sozusagen auf Kinderebene. Aus der Scharia mit den beiden Hauptquellen Koran und Sunna ergibt sich, was »halal« (erlaubt) und »haram« (verboten) ist. Unternehmen wittern große Marktchancen mit islamisch korrekten Speisen. Das renommierte Institut Grand View Research sieht vor allem in Deutschland enorm steigendes Potenzial.

Der nächste Scharia-Schritt im Leben junger Muslime wurde am selben Tag wie »Leipzig« bekannt: Ein Jugendlicher aus Afghanistan hat in Stuttgart seine Schwester nach den Scharia-Regeln brutal gequält, weil sie den »falschen« Jungen liebte. Alles für die Familienehre. Und die Mutter schaut, in Erfüllung ihrer religiösen Pflichten, tatenlos zu. Von engagierten Christen habe ich kein Wort dazu gehört, kein Wort von Evangelikalen und Konservativen – allein von *BILD*.

Und genau dieses Massenblatt greift man nun in der christlichen Publizistik frontal an. Man habe, statt Dialog zu führen, »die Fleischfrage zum x-ten Mal skandalisiert«. Schließlich hätten die Leipziger Kitas ihre Entscheidung doch wieder zurückgenommen. Man reibt sich die Augen! Genau umgekehrt wird ein Schuh draus: Nur weil die Presse das Thema öffentlich gemacht hat, ist der Kita-Chef dem Druck gewichen. Ich bin froh, dass wenigstens die Evangelische Nachrichtenagentur *idea* die Dinge beim Namen nennt und sich nicht einschüchtern lässt.

Oder die *Welt am Sonntag*, die, aufgehängt an »Leipzig«, in einer großen Analyse den muslimischen Psychologen

Ahmad Mansour zitiert: »Hinter den immer strengeren Speisevorschriften steht harte Missionierungsarbeit, teilweise gesteuert aus dem Ausland.« Der Rechts- und Islamwissenschaftler Professor Mathias Rohe beobachtet einen zunehmenden inner-islamischen Druck, beginnend bei den Speisevorschriften: »Die Lebensweise der neuen Zuwanderer wirkt sich auf die alten aus. Ein paar Leute preschen vor und üben Druck auf den Rest aus, weil sie mit ihrer strengen Lebensweise wie die besseren Muslime wirken.« Warum kuschen demokratische Politiker, Pastoren und Presseleute vor diesen Erkenntnissen?

Das Gebot der Stunde: nicht verschweigen, verharmlosen, verniedlichen! Anprangern, was gegen die Freiheit unseres Grundgesetzes steht. Den Schwachen eine Stimme geben, den Frauen und Kindern, die sich in ihrer Parallelgesellschaft nicht wehren können. Die Öffentlichkeit zu sensibilisieren und zu informieren statt zu negieren, das ist kritisch-investigativer Journalismus. »Anhimmelung und Anbetung [Willkommenskultur, Greta] gehören nach meinem Verständnis nicht zu den Hauptaufgaben des Journalisten ... Mit dieser Einstellung gehöre ich heute wohl zur Minderheit« (Jan Fleischhauer).

Ein muslimischer Polizeibeamter, der aus Glaubensgründen Frauen grundsätzlich den Handschlag verweigert, ist übrigens von der rot-grünen Regierung in Mainz mit 1000 Euro Strafe und der Androhung belangt worden, im Wiederholungsfall entlassen zu werden. Auch dank der Recherche der örtlichen Presse. Oder: Ein Polizeianwärter wollte sich nicht mehr an der Spurensicherung beteiligen, weil das Material, mit dem man Fingerabdrücke sichtbar macht, aus

Schweinegelatine besteht. Da gibts nichts zu diskutieren. Dialog kann führen, wer will. Journalisten haben zu sagen, was ist.

Um allen Missverständnissen vorzubeugen, wiederhole ich, was ich bereits in vielen Büchern schrieb: Ich bewundere durchaus die Ernsthaftigkeit, mit der Muslime ihren Glauben leben. Auch wenn ich die Inhalte für falsch halte und die Methoden mit unserer Rechtskultur meist unvereinbar sind. Ich möchte ihnen nach vielen Jahren Leben in Deutschland endlich eine Aufklärung wünschen. Und eine Begegnung mit Demokraten und Christen, die ihre Überzeugung überzeugend praktizieren.

Es gilt der Satz von Peter Scholl-Latour, den ich gleich zu Beginn meiner Laufbahn als Kollegen in Saarbrücken kennenlernte: »Ich fürchte nicht die Stärke des Islam, ich fürchte die Schwäche des Christentums.«

Berlin und die Rosinenbomber-Blamage

Der Kollege der *Berliner Morgenpost* kommentierte es höchst emotional, obwohl er in einem Alter ist, in dem er das alles nur von Oma und Opa gehört haben kann. Oder im Geschichtsunterricht. Den wird es zu seiner Zeit wohl noch gegeben haben. Anders als heute, wo Abiturienten Erich Honecker für einen der ersten Bundeskanzler halten und vom 20. Juli 1944 noch nie etwas gehört haben.

Der Zeitungskollege hat sich eine TV-Dokumentation über die legendären Rosinenbomber angeschaut, die während der fast einjährigen Blockade (1948/49) seine Heimatstadt mit Lebensmitteln versorgt hatten. Eine Berlinerin erzählte darin sichtlich bewegt, wie sie als Kind die Süßigkeiten aufgefangen hat, die an kleinen Fallschirmen vom Himmel fielen. Und sie habe sich dabei vorgestellt, es sei ihr Vater gewesen, der sie abgeworfen hat. Doch der sei »im Krieg geblieben«. »Dabei brach sie in Tränen aus. Ich weinte, aber sagen Sie es nicht weiter, vorm Fernseher mit. Es ist zum Heulen«, so der Kommentar.

Was er dann aber – weniger aus Wehmut als vor Wut – viel mehr zum Heulen findet, spricht Bände über diese verkommene Stadt, über ihr völlig verschwundenes Geschichtsbewusstsein und das Verlottern der politischen Elite. Es ist längst nicht das erste und einzige Beispiel.

Zum 70. Jubiläum der legendären Luftbrücke durften die historischen Maschinen vom Typ Douglas DC-3/C-47 keinen Rundflug über die Mitte Berlins machen, geschweige denn irgendwo landen. Stattdessen blamiert sich die Stadt (wieder einmal!) vor aller Welt, besonders vor den Amerikanern: Keine Genehmigung! Was die Rote Armee damals nicht schaffte, gelingt der rot-rot-grünen Regierung: die tapferen Piloten aufzuhalten. Kleinkarierte Bürokraten und ignorante Ideologen in den Amtsstuben führen Sicherheits- und Umweltgesichtspunkte an, weswegen es keinen Flug über das Brandenburger Tor, den Reichstag und das Regierungsviertel und erst recht keine Landung auf dem alten Flughafen Tempelhof geben könne. Auch nicht für den 98jährigen »Candy Bomber« Gail Halvorsen, der als erster Pilot am 26. Juni 1948 an kleinen Fallschirmen befestigte Schokolade aus dem Cockpit warf. Er war mit 150 Piloten und Crew-Mitgliedern mit den Original-Flugzeugen extra nach Deutschland zurückgekommen – ein strapaziöser Langstreckenflug in Spezial-Schutzbekleidung und ohne moderne Heizungssysteme und Zwischenstopps in Grönland und Island. Sie kamen zu uns zurück, um zum Schluss an den Berliner Behörden und ihren Paragrafenreitern zu scheitern. Bürokraten-Terror! Und niemand von der Polit-Prominenz hielt es für nötig, mit aller Entschiedenheit dagegen einzuschreiten. Auch Bundespräsident Steinmeier nicht, der sogar Schirmherr des Jubiläums war. Einfach nur peinlich!

Es muss nur schrill, schreiend und notfalls schweinisch sein, dann bekommen Sie in Berlin jede Straße gesperrt und jede Ausnahmegenehmigung. Es darf nur nichts mit den bösen Amerikanern oder der »Adenauer-Republik« zu tun haben ...

Die Rote Armee der Sowjetunion hatte im Sommer 1948 alle Landzugänge und die Stromversorgung der Westsektoren gekappt. In genau 277 569 Flugzeuglandungen brachten Amerikaner und Briten den mehr als zwei Millionen Eingeschlossenen mehr als zwei Millionen Tonnen Lebensmittel, Kohle und andere überlebenswichtige Güter. Alle drei Minuten landete einer jener Rosinenbomber in der abgesperrten Stadt. Dutzende ließen bei dieser weltweit beispiellosen Rettungsaktion ihr Leben.

Die Verteidigung des freien Westens und seiner Bevölkerung ist dem Berliner Establishment heute nicht mal mehr eine Ausnahmegenehmigung wert. Diese Stadt ist hoffnungslos verloren und verlogen. 277 569 Heldenflüge – doch die Helden müssen nun abdrehen nach Wiesbaden-Erbenheim, nach Jagel und Faßberg. Dort, in der tiefsten Provinz, können sie bestaunt und gewürdigt werden. Nicht aber in jener Stadt, die sie unter Einsatz ihres Lebens gerettet haben.

Der junge Kommentatoren-Kollege der *Morgenpost*, Sebastian Geisler, gerät ins Schwärmen: »Welch ein Spektakel: Familien erwarten die Ankunft der silbernen Douglas-Flugzeuge, Kinder bekommen leuchtende Augen, Eltern erklären, Großeltern erinnern sich. An schöne, an schwere Tage. Bilder eines solchen Ereignisses – noch einmal landende Rosinenbomber in Berlin – wären um die Welt gegangen ...« Erinnerung an einen der größten Momente der Nachkriegsgeschichte.

Statt dieser Bilder bleibt Blamage für Berlin. Was für ein trauriger Skandal! Eigentlich hätte eine begeisterte Bevölkerung ein Recht darauf gehabt, diese weißhaarigen Helden mit ihren silbernen Maschinen jubelnd und dankbar zu empfangen. Das zu ermöglichen, wäre die historische und moralische Pflicht des Senats gewesen.

Ein Paradebeispiel, wie geschichtsvergessen, gegenwartsbesessen und zukunftsversessen wir inzwischen geworden sind. Wäre die Heilige Greta mit einer neuen Klima-Vision aus himmlischen Sphären eingeschwebt, der gesamte Luftraum wäre für sie gesperrt worden.

Erinnern, gedenken, danken – Fremdwörter in der deutschen Hauptstadt. Im Internet schreibt ein betagter Berliner: »Liebe US-Piloten, ich war noch ein Kind, als Sie Berlin retteten. Ich schäme mich für mein Land und meine Stadt. Glauben Sie mir, die Deutschen im Allgemeinen sind nicht undankbar. Bitte, kommen Sie wieder!« Der tapfere Heldenpilot Gail Halvorsen richtet seine Hoffnung nun auf das 80. Jubiläum der Luftbrücke. Dann ist er 108 Jahre alt ...

Sozusagen als Krönung lässt Berlin zur selben Zeit das berühmte und beliebte deutsch-amerikanische Volksfest sterben. 58 Jahre Tradition und sichtbare Freundschaft und Verbundenheit mit den Alliierten: mit einem Federstrich weg von der Bildfläche. Angeblich gibts in der ganzen Stadt keinen Platz dafür. Die Veranstalter wollten an den Rand des Tempelhofer Feldes, das wäre die Attraktion zum Jubiläum der Luftbrücke gewesen. Der Senat lehnte ab – und wieder ist ein Stück Geschichte in dieser geschichtsvergessenen Stadt gestorben. Traurig.

Der Anfang vom Ende der Meinungsfreiheit

Was ist nur aus unserer guten alten Streitkultur geworden?! Früher flogen die Fetzen, und wenn man halbwegs zivilisiert miteinander umging, regelte die Toleranz das Niveau. Da prallten Standpunkte aufeinander, die alles gaben – und Streiter, die sich nichts schenkten. Heute ist aus gegenseitiger Toleranz längst allgemeine Akzeptanz geworden, eine Mogelpackung erster Güte. Was nicht passt, wird passend gemacht: Personen stigmatisiert, Positionen tabuisiert. Selbstgerechtigkeit kennt keine Grenzen. Was und wen wir nicht akzeptieren, kommt auf den Index. Und überhaupt: Zu viel Fakten stören nur. Seid ihr denn noch bei Trost, das Debattenkultur oder gar Meinungsstreit zu nennen?!

»Laaaaangweilig«, so die Bilanz der Redaktionsleiterin der Evangelischen Nachrichtenagentur *idea*, Daniela Städter, über eine der typischen Diskussionsveranstaltungen des Dortmunder Kirchentags im Juni 2019. Kuscheltalk wäre noch untertrieben: ein Gespräch zwischen der Vorsitzenden der (grünen) Heinrich-Böll-Stiftung und dem Juso-Chef. Eine rot-grüne Selbstbestätigung in wohliger Lagerfeueratmosphäre sei das gewesen, pure Selbstvergewisserung vor Publikum. Langweiliger geht es nicht, die beiden waren sich zu 99 Prozent einig.

Eine der Gähn-Thesen: »Wir brauchen ein Mainstreaming für Klima, wie wir es in Genderfragen haben.« Wer tosenden Applaus bekommen wollte, musste nur Gender oder Greta sagen und »Fridays for Future« über den grünen Klee loben. Gegenpositionen hatten es nicht nur schwer, sie wurden gar nicht erst gehört.

Die AfD oder Messianische Juden sperrte man gleich ganz aus, beim Seminar »Vulven malen«, also das weibliche Geschlechtsteil kreativ darstellen, wurde gar die Presse ausgeschlossen. Man stelle sich vor, das hätte eine bestimmte Partei gemacht. *BILD* fragte angesichts der »Vulven« spöttisch: »Noch Kirchentag oder schon Sexmesse?« Hauptsache, wir bleiben unserem deutschen Ruf treu: Exportweltmeister bei der Ausfuhr von Hochmoral.

Daniela Städters Kirchentagsbilanz ist ein Paradebeispiel für die geistesgeschichtliche Lage, in der wir uns gerade befinden: »Der Kirchentag will Seismograf sein, eine Zeitansage. Und die ist er auch: für geringe Debattenkultur, Wohlfühlen in Blasen [und Biotopen und Paralleluniversen / Anm. des Autors], wenig Christus-Botschaft.« Insofern stimmt das mit der Zeitansage, denn so läufts inzwischen selbst in Talkshows. Oder höchstens: Alle gegen einen. Man hat die Debatte abgeschafft, weil der Mainstream keinen Gegner duldet.

Aus Diskussionsdemokratie ist Meinungsdiktatur geworden. So finden auf unliebsame Universitätsprofessoren regelrechte Hexenjagden statt, unerträgliches Mobbing oder der Ausschluss von jeglicher Kommunikation. Ganz nach dem Motto: Wer etwas gegen Gender oder den Islam hat, kann auch nicht mehr Mathematik oder Sinologie lehren.

Und wer etwas aus seinem Spezialgebiet wissenschaftlich aufarbeiten will, sieht sich »Rufmord und Hatz« ausgesetzt, wie die renommierte Islamexpertin der Johann Wolfgang Goethe Universität Frankfurt/Main Susanne Schröter beklagt. Sie bekam die Gnadenlosigkeit des Mainstreams zu spüren, weil sie es doch tatsächlich gewagt hatte, an ihrem Institut eine Veranstaltung zum Thema »Das islamische Kopftuch – Symbol der Würde oder der Unterdrückung?« zu planen. Die Intoleranz der Toleranten macht selbst Wissenschaft nicht mehr möglich.

Umso erstaunlicher, wie klar sich der 67. Deutsche Hochschulverbands-Tag 2017 in einer Resolution zur Streit- und Debattenkultur an Universitäten äußerte. Was vor zehn Jahren noch völlig normal gewesen wäre, gilt heute schon als super mutig. So rasend schnell hat der Mainstream die Streitkultur niedergewalzt. »Universitäten sind Orte der geistigen Auseinandersetzung. Der Streit um das bessere Argument gehört zum Wesenskern der Universität. Die menschliche Suche nach Wahrheit und Erkenntnis ist ohne Widerspruch und das kontroverse Ringen um Argumente und Beweise nicht vorstellbar. Vor diesem Hintergrund beobachtet der Deutsche Hochschulverband (DHV) mit wachsender Sorge, dass in der freien Welt die Debatten- und Streitkultur erodiert. Verantwortung dafür trägt auch ein

Meinungsklima, das im Streben nach Toleranz ›Political Correctness‹ fordert.«

Weiter heißt es in der Resolution: »›Political Correctness‹ soll das Bewusstsein für einen verantwortungsvollen Sprachgebrauch und einen sensiblen Umgang mit Minderheiten schärfen. Dieses Anliegen ist berechtigt. Wenn jedoch abweichende wissenschaftliche Meinungen Gefahr laufen, als unmoralisch stigmatisiert zu werden, verkehrt sich der Anspruch von Toleranz und Offenheit in das Gegenteil: Jede konstruktive Auseinandersetzung wird bereits im Keim erstickt. Statt zu Aufbruch und Neugier führt das zu Feigheit und Anbiederung.«

Es muss wohl einiges passiert sein, wenn Selbstverständliches plötzlich zum Anlass einer solchen Erklärung wird. Dass Universitäten Orte des Meinungsstreites sind, sollte eigentlich keiner Erwähnung bedürftig sein. Wie konnte es so weit kommen, dass bestimmte Meinungen – zum Beispiel zu Globalisierung, Gender, umwelt- oder geschlechterpolitischen Fragen oder dem Islam – einfach ausgegrenzt werden?

Da wird selbst die Links-Feministin Alice Schwarzer plötzlich als »Nazi« beschimpft, weil sie gegen das islamische Kopftuch ist. Und sonst beliebte Referenten werden mit einem Bannstrahl belegt, der sie von jeder Diskussion ausschließen soll. Selbst der »Papst« der Evolutionstheorie, der Biologe Professor Ulrich Kutschera, wird keineswegs von frommen Kreationisten, sondern von linken Gesinnungsgenoss*innen geschnitten, weil er Gender für unwissenschaftlichen Blödsinn hält.

Der bekannte Moderator und Kolumnist Jörg Thadeusz, alles andere als ein Konservativer, beklagt die Reaktionen

auf seinen Artikel in der *Berliner Morgenpost* »Die Superguten haben ihren inneren Saudi nicht im Griff« und fragt:
»Kann das Richtige das Recht überragen?« Er hatte nur gewagt anzumerken, dass in Sachen Mittelmeerflüchtlinge
und Seenotrettung »italienisches Recht zu beachten ist,
auch wenn eine sehr unsympathische Regierung dort mo-
mentan die Gesetze gestaltet«. Man solle am besten noch
warten »mit der berührenden Verfilmung des Lebens der 31
Jahre alten Retterin Carola Rackete«. Doch den »Fiebrigen
in den sozialen Netzwerken« war das schon genug, sie über-
zogen Thadeusz mit einem tsunami-artigen »Shitstorm«.

Sein Fazit: »Einige der deutschen Superguten haben ihren inneren Saudi nicht im Griff. Sie kloppen drauf wie Reli-
gionspolizisten in Riad ... Statt einem Austausch [der Argu-
mente] blockieren aber nur die Empörungsbremsen ... Die
sehen mich längst beim völkischen Brunch mit den
schlimmsten Bratzen von der AfD.«

Harald Schmidt bilanziert seine beachtliche Fernseh-
karriere mit der Feststellung, dass viele seiner Satire- oder
Komiksendungen heute gar nicht mehr möglich wären.
Das, was ihn früher groß und beliebt gemacht hat, würde
heute in den Shitstorms der a-sozialen Medien untergehen.
Die Sprachpolizei hätte ihn der Guillotine ausgeliefert, noch
bevor die erste Folge vorbei gewesen wäre. »Heute sorgt so
etwas dafür, dass man in Sekundenfrist in den sogenannten
›sozialen Medien‹ die Rote Karte gezeigt bekommt. Mit den
heutigen Maßstäben, auch der Political Correctness, der
Sprachpolizei und des linksliberalen Mainstreams, hätte ich
meine Show nach einer Woche abgenommen bekommen«,
so Schmidt in einem *ORF*-Interview. Seine *Harald Schmidt*

Show lief von 1995 bis 2012 bei *Sat.1* und zwischen 2004 und 2007 sowie von 2009 bis 2011 jeweils in überarbeiteter Fassung in der *ARD*. Von ihm aufs Korn genommen zu werden, sorgte jedes Mal für einen Bekanntheitsschub, gepaart mit einer Buchverkaufsexplosion. Ich weiß, wovon ich rede ...

Das Schlimmste ist die Intoleranz der angeblich Toleranten. Der revolutionäre Satz des französischen Philosophen Voltaire ist längst zum Kalenderspruch fürs Poesiealbum verkommen: »Ich hasse, was du sagst, aber ich würde mein Leben dafür geben, dass du es sagen darfst.« Das ist echte Toleranz, die sogar aufeinanderprallende Wahrheitsansprüche erträgt. Selbst wenn ich die Position meines Gegenübers verachte, achte ich dennoch mit Respekt seine Person. Doch inzwischen ist Akzeptanz die neue Toleranz. Der Mainstream einer Minderheit verlangt längst nicht mehr, »nur« toleriert zu werden. Er will auch in seiner Position akzeptiert werden. Und mehr: Er will, dass seine Position allgemein akzeptiert wird. Alles andere wäre ja Diskriminierung. Damit ist jede Überprüfung auf den Wahrheitsgehalt einer Position ausgeschlossen. Wahr ist, wo das Herz des Zeitgeistes schlägt.

Damit erschlägt man jeglichen faktischen Widerspruch durch Emotion. Gegen die Stimmungsdiktatur kommt niemand an. Um es auf den Punkt zu bringen: Man *durfte* 2015 nicht gegen die herrschende Willkommenskultur sein. Selbst kleinste kritische Nachfragen (inzwischen alles bewahrheitet, wirklich alles!) wurden als intolerant abgeschmettert, man hatte den Mainstream zu akzeptieren. Punkt!

Das Neue an der »Streit«-Kultur beschreibt der Gießener Theologe Professor Christoph Raedel so: »Statt das Recht anderer Menschen anzuerkennen, ihre Überzeugungen und Praktiken zu haben, verlangt die ›neue Toleranz‹, die verschiedenen Überzeugungen und Praktiken anderer Menschen als gleichwertig (!) zu akzeptieren.« Das Paradox, was nur wenige durchschauen: Dadurch wird Wahrheit nicht abgeschafft, sie wird »nur« neu definiert. Der Anspruch, alle Überzeugungen seien gleichermaßen gültig und gleich wertvoll, ist selbst eine Wahrheitsbehauptung. Wenn aber alles gleich gültig ist, wird alles gleichgültig.

Deshalb gibts auch keinen Streit mehr, weil die Meinungsdiktatur Gegenpositionen erst gar nicht zulässt. Es hilft schon persönliche Betroffenheit und empörtes Beleidigtsein, um unter den Schutzmantel der Gutmenschen zu kriechen. »Je beleidigter und empörter eine Gruppe auftritt, desto sicherer sind ihr die Aufmerksamkeit der Öffentlichkeit und die Schutzangebote des Staates« (Jan Fleischhauer).

Um das alles unterschwellig auf möglichst leisen Sohlen zu erreichen, bedient man sich der uralten Technik von Propaganda und Kulturrevolution: Die Sprache muss reguliert werden. »Von jeher ist die Kontrolle des öffentlichen Sprach-Codes ein Kennzeichen totalitärer Systeme gewesen« (Professor Rädel). Man bedenke nur, was heute bereits alles als »Hass-Rede« bezeichnet wird. Letztlich ist das eine Verharmlosung der wirklichen Hassreden wie Goebbels Tirade gegen die Juden und für den totalen Krieg im Berliner Sportpalast vom Februar 1943.

Die britische Polizei hat eine Website eingerichtet, auf der man anonym sogenannte Hassverbrecher melden kann.

Definiert ist »Hass« nicht, es kann bereits »unfreundliches Verhalten gegenüber einem Angehörigen einer Minderheit« sein, ohne den Fall überprüfen zu können. Kritiker sprechen bereits von einer »hate crime industry«, von Denunzianten, die ihre Mitbürger zu einem Volk von Hassverbrechern machen wollen.

In den USA gehört es zu den natürlichen Standardkomplimenten, das Englisch eines ausländischen Touristen über den grünen Klee zu loben, und sei es das größte Geholpere. Ich lache mich jedes Mal schief, wenn mein unbeholfenes Gestammel als »great« bejubelt wird. Nach heutiger Lesart ist das bereits eine »Mikroaggression«, weil es mich ja ausgrenzt.

Eine ganz neue Marotte: In Großbritannien verlangen Studenten (besser: Student*innen oder gar Studierende) immer häufiger »Warnhinweise für verstörende Textstellen«. Die *FAZ* schrieb: »Die Shakespeare-Expertin Katherine Rundell, die bis vor wenigen Jahren selber der linksbewegten Studentenschaft Oxfords angehörte, sieht sich neuerdings in ihren Seminaren der Forderung nach ›trigger warnings‹ ausgesetzt. ›Viele meiner Studenten wollen gewarnt werden, wenn eine Stelle naht, die irgendetwas in ihnen anrichten könnte‹, sagt sie und nennt als Beispiel die Vergewaltigung Lavinias in Shakespeares *Titus Andronicus*.« Der Journalist Brendan O'Neill beobachtet die Entwicklung der ›neuen politischen Korrektheit‹ an den britischen Universitäten mit wachsender Sorge: »… hinter dem ›Recht auf Behaglichkeit‹ (right to be well) verstecke sich letztlich das Recht, ›nie von irritierenden Ideen herausgefordert oder von Angriffen aufgerüttelt zu werden‹.«

Der streitbare jüdische Publizist Henryk M. Broder macht in ähnlichem Zusammenhang den ironischen Vorschlag: »Zu Beginn einer jeden *Tagesschau*, jeder Ausgabe des *heute journals* erscheint der Hinweis, dass der Konsum dieses Programms mit Risiken verbunden ist und Nebenwirkungen haben könnte – Gleichgewichtsstörungen, Übelkeit und kurze, aber heftige Anfälle von Verzweiflung ... Serien wie *Der Bergdoktor* und *Um Himmels Willen* laufen dagegen wie bisher ohne jede Vorwarnung.« So sucht der Mensch, der Gott verloren hat, voller Angst nur noch sich selbst und sein Wohlbefinden. Die Steigerung von Angst heißt nicht umsonst Heidenangst. Wenn die Amerikaner das Wort Angst steigern wollen, sagen sie bezeichnenderweise »german angst«.

Letztlich stehen wir vor der uralten Grundfrage: Was ist der Mensch? Heute wird sie bis in den Aktionismus des kirchlichen Gutmenschentums hinein so beantwortet: »Ich bin meine Tat.« Daran gehen Menschen aber zugrunde, wenn sie sich nur noch über ihre Leistungen definieren und dazu verdammt sind, alles Gewicht auf ihr Handeln zu legen. Was tut man, wenn man nichts mehr tun kann? Der Mensch muss doch mehr sein als die Summe seiner Leistungen.

Nur durch Glaubenslosigkeit kann man auf den Wahnwitz kommen, den wir oben beschrieben haben. Wer der Mensch ist, entscheidet sich nämlich nicht am Menschen: »Über das Sein der Person ... kann kompetent nur derjenige urteilen, der die Person zur Person macht. Und das ist Gott allein« (Dietrich Bonhoeffer). Wir sind, geschaffen nach dem Ebenbild Gottes, jedoch nicht zur Passivität oder zum Fatalismus verurteilt. Der Mensch wird zum Täter des Guten, indem er von seinem Schöpfer grundsätzlich und unabhängig von seinen Taten gutgeheißen wird.

»Das Evangelium ist die allen menschlichen Selbstverwirklichungsversuchen zuvorkommende Verheißung, dass der Mensch eine definitiv anerkannte, nämlich von Gott anerkannte Person ist« (Bonhoeffer). Das ist kein frommes Papperlapapp, das ist die einzige Rettung aus dem elenden Teufelskreis, aus dem Tremolo der Betroffenheit und der Emotion der Empörung. Eine echte Persönlichkeit kann den Meinungsstreit ertragen und braucht nicht den Ausschluss des Gegners.

Wichtig ist, dass wir uns aus der Diktatur allgemeiner Akzeptanz und zeitgeistdiktierter Pseudo-Wahrheiten befreien und wieder tolerant miteinander umgehen, dass wir Positionen verachten dürfen und die Person mit Respekt dennoch achten. Wer Gott folgt, muss keine Angst vor fremden Wahrheitsansprüchen haben. Er kann sich in großer Souveränität jeder Debatte stellen. Das wieder zu kultivieren, macht eine Kultur aus. Gegen die Diktatur des Relativismus brauchen wir eine neue Leidenschaft für die Wahrheit. Dann muss ich niemanden mehr ausgrenzen, denn die Wahrheit macht uns frei.

Klassenkampf an der Wursttheke

»Solange Menschen wie Sie mit dem Finger auf Menschen wie uns zeigen, macht es auch keinen Sinn, Ihnen zu erklären, dass ein Meistertitel so viel wert ist wie ein Studium und dass eine duale Ausbildung weltweit mehr zählt als ein

Abitur.« Dieser Hilfeschrei eines Supermarkt-Filialleiters aus Bayern, gepostet auf Facebook, hat einen realen, empörenden, ja tieftraurigen Hintergrund. Unfassbar, aber wahr.

Eine Mutter, offensichtlich nicht ganz bei Trost, steht mit ihrer kleinen Tochter im Grundschulalter an der Wursttheke, zeigt auf die beiden Verkäuferinnen und flötet laut hörbar durch den Laden: »Wenn du weiterhin nichts für die Schule lernst, dann stehst du auch mal dort hinten.« Fassungslos, hilflos, wütend müssen sich die beiden gelernten Fleischfachverkäuferinnen die verletzenden Worte dieser arroganten Mutter anhören. Was für ein armes Würstchen, diese Kundin! »Diese Frau weiß wohl nicht, was wir täglich leisten und was wir lernen und wissen müssen für unseren Beruf«, sagt eine der Presse. Die andere: »Wir haben einen Schulabschluss und eine Ausbildung gemacht und arbeiten gerne in unserem Job.«

Was eine solche Fleischfachverkäuferin in Ausbildungsbetrieb und Berufsschule lernt: perfekte Hygiene, den korrekten Umgang mit Ware und Maschinen, Kenntnisse über die diversen Produkte. Drei harte Jahre, dafür gibts dann 1700 Euro Einstiegsgehalt brutto. Alles andere als üppig für den Knochenjob. Und so ganz nebenbei finanzieren diese verleumdeten Verkäuferinnen mit ihren Steuern Deutschlands Universitäten, an denen man (fast) gratis studieren kann. Das sind Frauen, die ihr Handwerk verstehen. Ich liebe meine Wilmersdorfer Theken-Damen, weil sie nicht nur Lebensmittel lieben, wie die Werbung sagt, sondern auch ihre Kunden, die sie gern und kompetent beraten.

Die Arroganz jener Mutter ist nur die Spitze des Eisbergs. Auf bestimmte Berufe wird von bestimmten Menschen gnadenlos und vernichtend herabgesehen und mit Fingern gezeigt. Als wäre der Mensch erst ab Abitur, am besten ab Doktortitel ein richtiger Mensch. Ehrliche, bodenständige Arbeit findet kaum Anerkennung. Am Beispiel von Bekannten kann ich's auf den Punkt bringen: Der eine Sohn sollte es »mal besser haben« als die Eltern (was für ein unsinniger Satz!), machte Abitur und studierte. Der andere »musste« den kleinen Handwerksbetrieb seines Vaters übernehmen. Dreimal dürfen Sie raten, wer von beiden heute glücklicher ist – und vor allem: welcher obendrein richtig gut verdient.

Wir steuern auf eine überhebliche Klassengesellschaft zu, in der der Mensch nach vorgeblicher Bildung, weniger nach Ausbildung be- beziehungsweise verurteilt wird. Immer mehr Jugendliche machen Abitur, mehr als die Hälfte jedes Jahrgangs studiert danach. Handwerk und Handel suchen verzweifelt nach Lehrlingen oder nach Fachkräften. Versuchen Sie mal, in einer Großstadt einen Installateur oder Schreiner zu bekommen! Jeden Tag, alle 24 Stunden, sterben allein in Deutschland zwei Metzgereien und zwei Bäckereien. Niemand will diese Berufe mehr ausüben, auch Koch und Kellner möchte kaum noch jemand werden. Und dann wundern wir uns, dass wir bald nur noch Industrie-Billig-Lebensmittel haben, die ihren Namen nicht verdienen.

Lebensmittel heißen Lebensmittel, weil sie Mittel zum Leben sind. Und das muss uns viel wert sein. Ich muss bereit sein, für gesunde Handarbeit den angemessenen Preis zu zahlen – und die Menschen, die diese wichtigen Jobs ausüben, zu achten. Jene trostlose Mutter aus dem bayerischen

Supermarkt kann vielleicht einmal froh sein, wenn ihre Tochter einen »anständigen« Beruf findet, statt auf der Halde frustrierter Akademiker zu landen. Und wenn sie eines Tages mehr Anstand und Respekt besitzt als ihre Mutter.

Von Christenverfolgung, Heuchelei und Karl Lagerfeld

Ich wundere mich inzwischen über nichts mehr. Man schaut dreimal hin, ob das wirklich sein kann. Schließlich geht es nicht um einen Spitzenmann der Linkspartei oder einen multikulti-beseelten Einzelgänger der Grünen. Hinter seinem Namen steht das »C«! Horst Seehofer, Bundesinnenminister (CSU), will abgelehnte Asylbewerber auch dann in den Iran oder nach Afghanistan abschieben, wenn sie inzwischen Christen geworden und sogar getauft sind. Das will noch nicht mal die AfD. Bedeutet das doch: Abschiebung in den Tod, zumindest in die Verfolgung. Herz- und hirnlos nennt man so etwas.

»Christen werden eher abgeschoben als Salafisten«, klagt Pfarrer Gottfried Martens von der Selbständigen Evangelisch-Lutherischen Kirche (SELK) die Bundesregierung an. Er spricht sogar von »Deportation«. Behördenterror! In seiner Gemeinde in Berlin-Steglitz wurden inzwischen über 1 000 Flüchtlinge getauft, vor allem Iraner und Afghanen. Wer seine Gottesdienste besucht, wird niemals vergessen, wie glücklich diese Konvertiten sind, die den Weg von Allah zu Jesus Christus, von einer Ideologie zum Evangelium gefunden haben und sich damit in höchste Lebensgefahr begeben haben. Der Islam fackelt nicht lange mit Abtrünnigen.

»Ich wünsche mir, einfach mal einen Abend ins Bett gehen zu können ohne die Sorge, dass mitten in der Nacht Glieder unserer Gemeinde von der Polizei abgeholt und deportiert werden«, sagt Martens der Evangelischen Nachrichtenagentur *idea*. Er würde mit ihnen lieber den begehrten Glaubensunterricht machen, als dauernd darum zu kämpfen, »dass der Staat sie einem nicht wegnimmt und sie in Lebensgefahr bringt«. Und das bei einer Regierung, die das »C« im Namen hat. Unfassbar! Sind die denn nicht ganz bei Trost?!

Pfarrer Martens spricht von einem mühsamen Kampf mit den Behörden um jeden Einzelnen. So von einem bekannten Weltklasse-Kraftsportler, der im Iran zum Christentum konvertierte und von seiner Verwandtschaft verraten wurde. Im Gefängnis warteten Folter und Grauen. Er konnte nach Berlin fliehen – und wird nun in die Hölle zurückgeschickt. Nur ein Beispiel von vielen traurigen Schicksalen und dem Behördenterror im Land des Grundgesetzes mit seiner Präambel: In Verantwortung vor Gott ...

Natürlich muss geprüft werden, ob die Konversion nicht bloße Show ist, um nicht abgeschoben zu werden. Nur: Warum zweifelt man das ausgerechnet bei Neu-Christen an? Sogar dann, wenn eine Kirchengemeinde sich verbürgt. Dass diese Schreibtischtäter noch die politische Unterstützung von C-Parteien haben, ist eine Schande. »Mir drängt sich immer mehr der Eindruck auf, dass dies politisch so gewollt ist« (Dr. Martens). Das sei »Beihilfe zur Christenverfolgung« und Ausdruck »einer verlogenen Politik«.

Ausgerechnet das CDU-regierte und eher konservativ-katholische Saarland lehnte im Herbst 2019 die Aufnahme von 400 assyrischen Christen aus Syrien ab. Radikale Muslime hatten sie dort verfolgt und ihre Häuser und Felder niedergebrannt. 500 Assyrer, Nachkommen der ältesten Kulturnation der Welt (Mesopotamien), die bereits gut integriert im Saarland leben, wollten ihre verfolgten Glaubensgeschwister sogar in ihre Privatwohnungen aufnehmen. Deren zutreffende Reaktion auf die Ablehnung der Saar-Regierung: »Zynisch, menschenverachtend und feige.«

Keine Religion wird weltweit so grausam verfolgt wie das Christentum. *Kirche in Not* spricht von der »größten Christenverfolgung seit 2000 Jahren«. Auch Europa wird immer stärker betroffen, je zahlreicher die Zuwanderung wird. Der Mainstream nennt Glaubenswahrheiten einen fundamentalistischen Extremismus. Was nicht im Gleichschritt mitmarschiert, wird nicht toleriert, geschweige denn beschützt. Subtile Christenverfolgung allüberall: Missionarische Studentengruppen bekommen an manchen deutschen Universitäten keine Räume; Klinikärzte, die Abtreibungen verweigern, werden entlassen.

Während die klerikale Schickeria mit Gender und der Heiligen Greta paktiert und den Islam verniedlicht, müssen sich die Gläubigen an der Basis auf das Leiden vorbereiten. Höhepunkt der Unterwerfung: Deutsche »Oberhirten« legen beim Besuch des Jerusalemer Tempelberges (Al-Aqsa-Moschee) ihre Amtskreuze ab. Nur einige hundert Meter neben Golgatha, dem historischen Ort des Leidens und Sterbens von Jesus Christus am Kreuz! Was für ein Symbol von Naivität und Ignoranz.

So wird der Boden bereitet für Erdogans Schergen, die kurz vor einem Europa-League-Spiel in Istanbul den Fans von Borussia Mönchengladbach die Fahnen entrissen, weil auf dem abgebildeten Wappen ihrer Heimatstadt ein Kreuz zu sehen ist. Zur exakt gleichen Zeit verhandelt Horst Seehofer mit seinem türkischen Innenminister-Kollegen in Ankara einen neuen, milliardenschweren Flüchtlings-Deal und bedankt sich überschwänglich. Kein Wort zu der Anti-Kreuz-Attacke, keins! Real Madrid hat das Kreuz schon freiwillig aus dem Wappen entfernt, um in der arabischen Welt hochdotierte Spiele machen zu können.

Pure Unterwerfung! Ein Hohn für alle, die ihr Christsein mit dem Leben zu bezahlen bereit sind und sich weigern, Halsketten oder Tattoos mit Kreuzen zu entfernen. Und in Westeuropa wird die Freiheit der Christen immer trügerischer.

Papst Franziskus spricht von einer »höflichen [Christen-] Verfolgung [in Europa], verkleidet als Kultur, getarnt als Moderne, getarnt als Fortschritt«. Der von Christen verantwortete »Marsch für das Leben« wird mit dem Dschihad verglichen (und bei »Gretas« Berliner Demonstration zur Hatz auf diese »frauenfeindlichen Fundamentalisten« aufgerufen!), ein *ZDF*-Moderator stellte den katholischen Katechismus auf die Stufe der Scharia. Große Teile der europäischen Bevölkerung »führen einen Kampf gegen das Christentum als geistige Wurzel des Westens« (*Weltwoche*). Der Ungeist der Verfolgung weht bis auf deutsche Schulhöfe, wo Jude, Christ oder Schwuler die bittersten Beleidigungen und schrecklichsten Schimpfwörter sind.

Radikale Muslime haben ihre verlängerten Arme bis in die Behörden, bis in die Flüchtlingsheime. Es gehört zu den Horrornachrichten des Sommers 2019, dass die Berliner

Polizei offiziell (!) ihre Kollegen warnt, die Ausländerbehörden über geplante Razzien zu informieren. Dort gäbe es jede Menge undichter Stellen, welche die Kriminellen warnten. Beide Behörden unterstehen dem Innensenat, eingeschworen auf das Grundgesetz. Unfassbar!

Wer als Muslim Christ wird, steht auf der Abschussliste – oft im buchstäblichen Sinn. Wer das alles auf sich nimmt um Jesu Willen, dessen Glaube muss doch echt sein. Doch manche BAMF-Beamte haben mehr Angst vor hiesigen Araber-Clans als vor dem Jüngsten Gericht Gottes, »dem sichersten Termin der Zukunft« (Ex-SPD-Chef Hans-Jochen Vogel im Interview mit Peter Hahne).

Ein Abgrund von Heuchelei ist es allerdings, wenn dieselben Politiker, die durch unkontrollierte Grenzen die radikalen Christenhasser und Antisemiten erst ins Land lassen, gleichzeitig rührselig gegen die Christenverfolgung in aller Welt eintreten.

Es war kein Bischof und kein C-Politiker, sondern der Modedesigner Karl Lagerfeld, der kurz vor seinem Tod der deutschen Regierung und namentlich der Kanzlerin hammerhart und messerscharf die Leviten las: Durch ihre Flüchtlingspolitik habe sie »Millionen der schlimmsten Feinde der Juden ins Land geholt«. Und Hasser der Christen, muss man um der Wahrheit willen hinzufügen. Klartext wie einst Helmut Schmidt: »Nichtintegrierbares kann man nicht integrieren.« Unsere grundverschiedenen Kulturen würden »niemals« (!) zusammenpassen.

Was mich aber noch mehr erschüttert ist das, was meine ARD-Kollegin Marie Wildermann berichtet, Organisatorin unseres Berliner Medien-Gebetsfrühstücks (ja, so etwas gibt es!): Ali, ein iranischer Architekt aus Isfahan, Anfang 30, Christ geworden, wurde in Teheran direkt aus seinem Auto heraus verhaftet, weil er eine Bibel im Handschuhfach mit sich führte. Eine Woche dunkles Verlies folgte, er wurde aber wieder freigelassen. Sein Anwalt riet: Nichts wie weg! Denn auf Bibel-Besitz stehen zwei Jahre Haft.

Ali floh also 2015 nach Deutschland und fand sich schließlich mit Hunderten anderer Männer, sämtlich Muslime, in einer zum Asylbewerberheim umfunktionierten Berliner Turnhalle wieder. Beim Interview sei er ziemlich deprimiert gewesen. Er wollte zurück in den Iran, trotz der zu erwartenden Haftstrafe: »Hier im Heim macht man mir das Leben zur Hölle, seitdem sich herumgesprochen hat: Ich bin Christ.« Auf das Sicherheitspersonal sei keinerlei Verlass. Alles selbst Muslime. Tage später war Ali verschwunden, seine Mobilnummer führte ins Leere, sein Facebook-Account seitdem verwaist.

Das sind die Realitäten! Mitten in Deutschland, dem Land mit »In Verantwortung vor Gott ...« als Präambel des Grundgesetzes.

Kann man sich das Sparen sparen?

Wenn ich mich nicht vollkommen irre, ist die Europäische Zentralbank eine Behörde. Auch das Bundesfinanzministerium ist eine. Sind die jetzt im Sinne unseres Buchtitels Terroristen? Auf jeden Fall sprengen sie das weg, was noch vor Jahren bombensicher schien: unser Erspartes. Wie hieß es noch aus Kanzlerinnen-Mund: »Ihre Einlagen sind sicher.«

Vielleicht meinte sie ja auch nur die aus der Fernsehwerbung mit den zweisilbigen Markennamen ...

Ich weiß noch, wie Herr Nickig von der Ein-Zimmer-Filiale unserer Dorfsparkasse am Weltspartag zu uns in die Schule kam. Wir hatten unsere Sparschweine mitgebracht, die mit einem silbernen Schlüsselchen geöffnet wurden. Die meist kleinen Münzen wurden auf eine Art Schachbrett, das vorn zugespitzt war, aufgestapelt und gezählt. Das Ergebnis wurde feierlich ins Sparbuch eingetragen. Zum Jahresanfang staunten wir dann über die Zinsen.

»Spare in der Zeit, dann hast du in der Not«, lautete das Motto der 1950er Jahre.

Genau diese Mentalität ist es, die man als typisch deutsch bezeichnen könnte. Zu unserem wert(e)vollen Markenkern gehört neben Ordnung und Arbeit das Sparen.

Jetzt, sechzig Jahre später, staunen wir auch über die Zinsen. Anders allerdings. Der behördliche Finanzterror löst keine Freude aus, sondern lässt den Wut- und Angstschweiß perlen.

Der Wert der Sparsamkeit ist mutwillig im Orkus von »Monstern« (Altbundespräsident Horst Köhler) verschwunden. Der einzige Gewinner ist – der Staat. Verlierer sind seine Bürger, wir alle. Seit 2010 sind fleißige deutsche Sparer durch die Niedrigzinsen um 295 Milliarden Euro gebracht worden. Milliarden! Doch der Staat muss auf seine Rekordschulden nur noch Minizinsen zahlen und kam damit auf 150 Milliarden »Gewinn«.

»Omas Sparbuch darf nicht angetastet werden«, tönt der Bankenexperte der CDU. Sorry, wer steuert denn gerade das Narrenschiff-Geschwader Europa und Deutschland?

Selbstbedienungsladen namens Staat

Wenn die Winterkorns dieser Welt ihre dicken Pensionen und fetten Abfindungen absahnen, dann gibts in der Politik kein Halten mehr: Die Olympiade der Empörung kennt kaum Grenzen. Vergessen wird gern, dass zum Beispiel bei VW ein Selbstbedienungsladen von Politikern Regie führt und sogar das Land Niedersachsen immer mit dabei ist, wenn in Wolfsburg abgenickt wird.

Wenn es um die Höhe von Managergehältern geht, beschäftigt das sogar Parteitage. Was meine Oma mit dem schlichten Satz »Das gehört sich nicht« regelte, soll in Deckelungsgesetzen feierlich beschlossen werden und in die Rechtsprechung eingehen. Doch die Empörungsmasche zieht nur so lange, bis man hinter die Kulissen schaut. Aber das Volk wird dumm gehalten – auch eine Form von Behördenterror.

Wenn Betriebe mit Staatsbeteiligung Höchstsummen an die Spitzenmanager zahlen, wird man mit dem Argument abgespeist (nach dem Motto: Ihr kleinen Leute habt doch keine Ahnung!): Man bekommt keine Spitzenkraft aus der freien Wirtschaft ohne solche Summen. Die würden sonst alle ins Ausland verschwinden. Aha. Nehmen wir dann mal das Land Berlin, das an 56 Unternehmen beteiligt ist. 56-mal spricht die Politik also das entscheidende Wort, bei Personal- wie bei Gehaltsfragen. Riese ist der in jedem meiner Bücher erwähnte, inzwischen pleitehitverdächtige Flughafen Berlin-Brandenburg (BER).

Da gab es Chefs, die für teuerstes Geld (erfolglos) aus der freien Wirtschaft kamen und das Prestigeobjekt der Hauptstadt buchstäblich in den märkischen Sand setzten – schließlich mit Millionen abgefunden. Dann kam jemand, der sogar für das Jahr 2018 eine »erfolgsabhängige Vergütung« von 45 000 Euro bekam plus 50 000 Euro »sonstige Bezüge«. Wofür eigentlich? Da startet und landet doch immer noch nichts.

Jahresgrundgehalt sind 400 000 Euro, insgesamt kommt der BER-Chef auf 503 000 Euro, also 42 000 Euro im Monat. Und das nicht, weil er sonst in die freie Wirtschaft der USA oder von Mars und Mond abgewandert wäre oder so hohe bauliche, flugtechnische und unternehmerische Fähigkeiten hätte. Nein, der Herr war zuvor jahrzehntelang im Staatsdienst, zuletzt in der Senatskanzlei des Regierenden Bürgermeisters als Staatssekretär.

Er verdient (besser: kriegt) jetzt das Mehrfache an Gehalt als vorher und hat damit aktuell das zweieinhalbfache Einkommen seines früheren Chefs. Selbst das Kanzler-Salär beläuft sich »nur« auf rund 350 000 Euro im Jahr. Der politisch besetzte Aufsichtsrat des BER ist also nicht ganz bei Trost.

Diese Genossen-Filzokratie erlebt ihren Höhepunkt in den Abfindungs- und Pensionszahlungen an die Vorgänger, deren Fähigkeit darin zu sehen ist, wie perfekt der BER funktioniert. Der Clou: Im Gegensatz zur Privatwirtschaft muss der Steuerzahler blechen, also wir, wenn etwas schiefläuft. Und das läuft es – nicht nur beim Berliner Flughafen.

Ganz nebenbei: Seit Juni 2012 warten wir auf die Eröffnung dieses auch noch nach dem unschuldigen Willy Brandt benannten Bauwerks. Man sollte es, nachdem es das

Nobelpreiskomitee unterlassen hat (»Wie könnt ihr es wagen ...?!«), der Weltenretterin den Friedenspreis zu verleihen, in Greta-Thunberg-Airport umbenennen. Schließlich handelt es sich um den CO_2-ärmsten Flughafen der Welt.

Doch Milliarden werden in den Unterhalt der Ruine und auf die Konten ihrer erfolgreichen Manager gepumpt. In der gleichen Zeit baute China erfolgreich 160 (einhundertsechzig) Flughäfen der gleichen Größe. Und das Berliner Abgeordnetenhaus genehmigte sich eine Diätenerhöhung von sage und schreibe sechzig Prozent.

Justiz in der Vertrauenskrise

»Das Vertrauen in unser Rechtssystem hält an.« Punkt! Tja, so wie es ein Kommentator beschreibt, kann man es auch sehen. Falsch ist es nicht. Doch nicht alles, was nicht falsch ist, ist auch richtig. Richtig ist: Das Vertrauen, das auf niedrigstem Niveau gleichbleibt, bessert sich auch nicht. Das ist die Wahrheit und ein Alarmsignal höchster Stufe. Denn seit Jahren haben nur rund vierzig Prozent der Bevölkerung noch Vertrauen in die Justiz.

Hauptgrund: Die Verfahren dauern den Bürgern zu lange. Daran sind wiederum Personalmangel und die zunehmende Zahl von Delikten schuld. Ein Teufelskreis. »Warte nur, die Buße folgt dir auf dem Fuße« – wenn es nach dem Volksmund ginge, müsste viel schneller im Namen des Volkes Recht gesprochen werden. Das entspricht auch schon der Logik und dem pädagogischen Nutzen von Gerichtsverfahren.

Die tapfere Berliner Jugendrichterin Kirsten Heisig, drei Tage vor ihrem bis heute mysteriösen Tod war sie im Juni 2010 Gast meiner Sendung, galt als Paradebeispiel für zügige Verfahren. Ihr Grundsatz: Je schneller ein Täter verurteilt wird, desto effektiver ist eine mögliche Resozialisierung. Die Täter müssten auch möglichst bald mit den Opfern konfrontiert werden, um das begangene Unrecht zu erkennen und zu begreifen. Übrigens ein Prinzip der christlichen Initiative »Seehaus« (Strafvollzug in privater Form), die ich unterstütze. Alles, was in Vergessenheit gerät, kann auch durch den besten Prozess nicht mehr zum Leben erweckt werden.

In Zeiten, in denen man »spart, bis es quietscht«, wird alles auf die lange Bank geschoben. Diese sprichwörtliche Redewendung kommt übrigens aus dem Justizbereich: In früheren Behörden gab es noch keine Regale, sondern nur einfache Bänke. Immer, wenn neue Akten dazukamen, wurden die vorhandenen weiter nach hinten geschoben. Inzwischen ertrinken unsere Amtsgerichte und Strafkammern unter Aktenbergen.

Der Deutsche Richterbund warnt: »Unsere Justiz kann nicht mehr.« Die Folge: Jedes vierte (!) Verfahren wird wegen »Geringfügigkeit« oder als »unwesentliche Nebentat« eingestellt. Laden- und Fahrraddiebstahl werden zum Kavaliersdelikt ohne Folgen. Es fehlen die Staatsanwälte, die überhaupt erst mal Anklage erheben.

Es fördert das Vertrauen in unsere Justiz auch nicht, wenn permanent mutmaßliche Straftäter laufen gelassen werden – nicht, weil sie unschuldig sind, sondern weil sich die Verfahren derart in die Länge ziehen, dass ein weiterer

Verbleib in der Untersuchungshaft unserem Recht widerspricht. Beispiel allein im kleinen Bundesland Brandenburg: Innerhalb weniger Wochen wurden drei mutmaßliche Schwerverbrecher freigelassen, ohne Prozess. Drei! Bei einem Syrer, der eine 82-Jährige erst gefesselt, dann mit einer Plastiktüte qualvoll erstickt und anschließend beraubt haben soll, besteht sogar akute Fluchtgefahr. Er saß knapp zweieinhalb Jahre in Untersuchungshaft – sein Verteidiger zögerte den Prozess hinaus, weil er immer neue Anträge gegen die Polizei stellte. Und völlig absurd: Ein Potsdamer, der 2018 wegen Mordes an seiner Frau zu zehn Jahren Haft verurteilt worden war, kam kurz bevor dieses Urteil rechtskräftig wurde, auch frei: weil er zu lange in U-Haft war. Er konnte gerade noch an der Flucht gehindert werden.

Auf einem anderen Blatt steht das Strafmaß. Da fragt sich der normale Bürger oder ein Laie wie ich: Sind die Richter noch ganz bei Trost?! Es sind ja nicht nur die spektakulären Fälle, die Schlagzeilen machen. Oft fasst man sich an den Kopf, warum Mörder milde bestraft werden, warum das Strafmaß in scheinbar gleichen Fällen von Stadt zu Stadt, von Land zu Land so unterschiedlich ist. Warum bleibt ein jugendlicher Täter fast unbestraft, wenn er eine alte Rentnerin halb totschlägt, um an ihre Handtasche zu kommen? Oder warum bedurfte es erst eines mutigen Richters, bis ein mörderischer Raser endlich einmal lebenslänglich bekam? Oder warum erhielt ein Afghane, der einen 11-jährigen Jungen umgebracht hat, nur sieben Jahre?

Wie Hohn empfinde ich es, wenn Richter, möglichst noch unterstützt von Gutachtern, für »Schutzsuchende« besondere Ausnahmesituationen erkennen wollen. Bei manchen Messermord-Prozessen hört man dann seltsame Begründungen wie: »traumatisiert durch die lebensbedrohliche Flucht« oder »in ihrem Kulturkreis hat die Familienehre eine höhere Bedeutung«.

Noch schlimmer ist es, wenn mir ein Richter, ein Polizist oder gar ein Lehrer offen ins Gesicht sagt: »Ich setze doch nicht meine Familie aufs Spiel, dann lasse ich's doch lieber schleifen.« Leere Drohung? Verfolgungswahn? Während der alljährlich genehmigten abscheulichen Anti-Israel-Demonstration (Al-Quds-Marsch) auf dem Berliner Kurfürstendamm wurden filmende und fotografierende Kollegen angegangen: Wir wissen, wo du wohnst …

Das passiert auch im Gerichtssaal – ohne Folgen. Im Prozess gegen den Sohn eines arabischen Clan-Chefs musste sich Oberstaatsanwalt Ralph Knispel (auch Vorsitzender der Vereinigung der Berliner Staatsanwälte) einen Tobsuchtsanfall von dessen Vater anhören: »Ich kenne Sie, Staatsanwalt, und alle, die mit euch arbeiten!« Knispel, ein »harter Knochen und knallhartes Kaliber«, gern gesehener Gast in meiner Sendung, spricht bereits von der »Kapitulation des Rechtsstaates«.

Unsere Behörden sind bereits systematisch unterwandert. Offizieller Beweis: Die Berliner Polizei misstraut der Ausländerbehörde. Beide haben aufs Grundgesetz geschworen! Der knallharte Vorwurf des Landeskriminalamts: keine Informationen mehr an die »Kollegen« der Ausländerbehörde, weil sie kriminelle (arabische) Banden, Clans und Schwerkriminelle vor Einsätzen und Zugriffen warnt. Der Polizist, der aus Scharia-Gründen einer Kollegin den Handschlag verweigert, ist dagegen Peanuts.

Übrigens zur Frage, wer welchen antisemitischen Nähr-
boden zum Beispiel für den grausamen Anschlag gegen die
Synagoge von Halle im Oktober 2019 gelegt hat: Erlaubt
und von der Polizei geschützt (!) sind in Deutschland Anti-
Israel-Demonstrationen, auf denen Islamisten gern mal
skandieren: »Hamas, Hamas, Israel ins Gas!« Muslimische
Gegendemonstrationen sind mir nicht bekannt. Die offiziellen Verbände schweigen. Und zwei Hass-Rapper tingeln un-
behelligt durchs Land, die vom Massenmord an Juden träumen und die Auslöschung Tel Avivs besingen. Kein Wunder,
dass das Vertrauen in unsere Justiz um keinen Millimeter
wächst. Vieles, was »im Namen des Volkes« geschieht, geschieht längst nicht mehr in dessen Verständnis.

Die befallsunabhängige
Dauerbeköderung

Als meine wunderbare Augenärztin mir nach und nach
zwei Speziallinsen in meine Augen operierte, »damit Sie
wieder beobachten wie ein Luchs und Bücher schreiben
können«, musste ich gefühlt tausendmal den legendären
Sehtest machen. Zahlen an der Wand lesen, kleine Schriften
aus dem Buch. Irgendwann reichte es mir. Doch sie klärte
mich mit Augenzwinkern über die Rechtslage auf: »Die
augenärztliche Untersuchung der Sehschärfe soll einäugig
und beidäugig erfolgen.« Schon wegen des Führerscheins.

Gut, dass der Mensch nur zwei Augen hat, sonst wäre die-
ses bürokratische Monster noch kurioser. Was nutzen alle
Sprachexperten und Redaktionsstäbe bei Regierung und
Ministerien, wenn sowas dabei herauskommt: Rindfleisch-

etikettierungsüberwachungsaufgabenübertragungsgesetz. Dieses Unwort aus Mecklenburg-Vorpommern dürfte das längste Hauptwort der deutschen Sprache sein, 63 Buchstaben und zwanzig Silben. Außer Scrabble- und Loriot-Fans dürfte sich niemand darüber freuen, besonders die Betroffenen nicht.

Selbst wenn Bürokratie abgeschafft werden soll, lautet die entsprechende Verordnung bei Bürokraten bürokratisch. Der damalige Bundestagspräsident Norbert Lammert beklagte entnervt: »Gerade der Gesetzgeber unterliegt der Versuchung, alles in komplexe Begriffe zu packen. Selbst wenn weniger Bürokratie beschlossen wird – wie beim Unterhaltsvorschussentbürokratisierungsgesetz.«

Klar, Gesetze sind kein zugespitzter Boulevard und müssen »rechtsförmlich«, also korrekt und wasserdicht sein. Dennoch können sie (zum Beispiel mit journalistischer Hilfe) verständlich geschrieben werden – vor allem für die, die es betrifft. Fremdwörter und Abkürzungen raus, keine Bandwurm- und Schachtelsätze, pro Satz nur ein Gedanke.

Dann kommt es nicht mehr zu Stilblüten wie diesen: »Das Bundesgebiet ist in seiner Struktur einer Entwicklung zuzuführen.« Oder, einfach köstlich: »Die befallsunabhängige Dauerbeköderung erfolgt zur Abwehr von Schadnagern in Räumlichkeiten, die von Tieren wie Ratten und Mäusen aufgrund der Gefahrenanalyse erreichbar sind und eine erhöhte Befallsgefahr mit Nagetieren darstellen.« Alles klar?! Dann doch lieber Stoibers Problembär ... Aber dessen Nachnachfolger hat es ja auf den Punkt gebracht: »Wir formulieren schwierige Themen extra so kompliziert, damit die Leute es nicht verstehen und ohne Widerstand Folge leisten«, so oder ähnlich, also nicht rechtsförmlich, Horst Seehofer als Innenminister. Es geht auch alltagsnah und allgemeinverständlich. Statt bürokratisch: »Sollte binnen einer Frist von 14 Tagen nach Zugang keine Rückmeldung eingehen, wird Einvernehmen über den Inhalt vorausgesetzt«, klingt es weniger gestelzt und so, wie jeder normale Mensch es sagen würde: »Sollten Sie sich nach Ablauf von zwei Wochen nicht gemeldet haben, sind Sie einverstanden.« Abschlägig beschieden heißt schlicht: abgelehnt, Fahrtrichtungsanzeiger Blinker, Verkehrssignalanlage Ampel, Oberflächenwasser Regen ...

Die alten Lateiner wie Gaius Julius Caesar konnten es noch: Veni, vidi, vici – drei Worte für eine Riesenbotschaft: Ich kam, ich sah, ich siegte. Im Bundestag würde es wohl heißen: Nach erfolgter Ankunft und Inaugenscheinnahme der örtlichen Verhältnisse konnte ich aus der nachfolgenden militärischen Auseinandersetzung siegreich hervorgehen.

Strafversetzt nach Germany und Elite auf der Flucht

Seit zwanzig Jahren bin ich jeden November in den USA. Ich glaube zu wissen, was dort abgeht. Auch in der Provinz. Mich wundert deshalb, wie viele Korrespondenten-Kollegen und Politiker sich als Amerika- und Trump-Kenner aufspielen, nur weil sie gerne Cola trinken oder Muffins mögen, aber noch nie weiter westlich als New York oder Washington waren.

Gleich am ersten Kalifornien-Tag hatte ich unlängst drei bezeichnende Begegnungen. In der Summe kann man nur betroffen und beschämt sein: Amerikanische Familien schicken ihre Kinder zur »Bestrafung« nach Deutschland. Ja, Sie lesen (leider) richtig.

In Sausalito, jenem malerischen Künstlerort mit Panoramablick auf San Francisco, setzte sich ein junger Mann in top Markenklamotten an meinen Tisch – ich hatte das neuere iPhone! Gestern in Zürich seien es noch zwei Grad Celsius gewesen, hier jetzt milde 23, erzählte ich auf Nachfrage. Es sei doch gut, dass ich Schweizer bin, meinte er. Ich schwieg erst mal.

Sein Vater, Wirtschaftsboss in Utah, hätte ihn 2016 nach Berlin strafversetzt: »Ich sollte zur Besinnung kommen und erkennen, wie gut wir es doch in den USA haben«, erzählt der junge Mann. Er hatte seinen Vater öffentlich dafür kritisiert, dass er Millionen in den Trump-Wahlkampf gesteckt hatte: »Ich schäme mich!«

Zwei Monate erlitt er Berlin, die »Flüchtlingspolitik« Merkels und das Land der in jeder Hinsicht offenen Grenzen wie einen Kulturschock – dann bat er seinen Vater um Verzeihung und flüchtete zurück in die USA. Seid ihr Deutschen denn noch ganz bei Trost, fragte er fassungslos, nachdem ich mich als Berliner geoutet hatte.

Ein ähnliches Schicksal berichtete mir ein namhafter deutsch-amerikanischer Atomphysiker, der seit zehn Jahren in Kalifornien lehrt: Der »verlorene Sohn« einer texanischen Unternehmerfamilie sollte auf den Pfad der Tugend zurückgebracht werden. Der Vater schickte ihn zu einem Kollegen nach Oberfranken, der ihn zur Räson bringen und für die Firma ausbilden sollte. Frankenwald statt Woodlands. Strafversetzt!

Er hatte das Glück, dort, im hintersten Winkel der alten Bundesrepublik, auf einen fröhlich-gläubigen Christlichen Verein Junger Menschen (CVJM) zu treffen. Diese Jahre krempelten sein Leben völlig um. Fern der Hauptstadtpolitik mitten in der Provinz. Als schwarzes Schaf der Familie war er nach Deutschland gekommen, als engagierter Christ und motivierter Manager kehrte er zurück nach Texas.

Auf dem Schiff von Sausalito zurück nach San Francisco saß ich inmitten einer Studentengruppe. Erst als eine junge Dame mich ansprach, ob ich der wäre, für den sie mich hielt, und ob wir für ihre Eltern ein Foto machen könnten, merkte ich: Einige kamen aus Deutschland. Sie alle studierten in Berkeley oder Stanford, die Deutschen für ein bis zwei Jahre. Doch zurück in die Heimat will keiner mehr: »Hier wird viel mehr für Forschung und Lehre getan. Die Berufsaussichten sind glänzend. Diese Klein-Klein-Probleme und Bildungs-Behinderungs-Bürokratie zu Hause haben wir zurückgelassen. Vor allem die lächerliche Attitüde, mit deutscher Hochmoral die Welt retten zu wollen.«

In Berlin berichtete mir später eine Medizinprofessorin, dass die Hälfte ihres Examensjahrgangs bereits Verträge in der Schweiz, Kanada oder den USA in der Tasche hätte. Personal großer Krankenhäuser kündigt, weil es Ansturm und Ansprüchen arabischer Großfamilien nicht mehr gewachsen ist und einfach nicht mehr kann. Lehrern und Erzieherinnen geht es ähnlich. Davon redet keiner. Allein in Berlin sind rund fünfzig Planstellen von Schuldirektoren unbesetzt. Warum wohl?!

Deutschland hat ein gewaltiges Auswanderungsproblem. Davon spricht niemand. Die Besten hauen ab. Es fehlen

Facharbeiter, Ingenieure, Mediziner, Lehrer … Viele sind frustriert von politischen Fehlentscheidungen einer zunehmenden Einwanderung in die Sozialsysteme. Überfordert von den Ansprüchen einer Integrationspolitik, die viel mit Bürokratie, aber wenig mit Praxis zu tun hat.

»Nennen Sie mir einen Politiker, der seine Kinder in Willkommensklassen schickt oder selbst in Problemvierteln wohnt«, fragte mich einer der jungen Schiffsreisenden. In meinem Bestseller *Schluss mit euren ewigen Mogelpackungen – Wir lassen uns nicht für dumm verkaufen* habe ich darüber geschrieben, dass Politiker ihre Kinder vorzugsweise auf Privatschulen schicken. Da braucht es keinen Kommentar mehr.

Steuerlast und Bürokratenwillkür vertreiben die Elite aus dem Land. Die Ausreisewelle hat inzwischen historische Dimensionen: Allein im Jahr 2016 verließen 281 000 Deutsche das Land, die höchste Zahl seit Gründung des Statistischen Bundesamtes. Man spricht bereits vom »Exodus der Klugen«. Nach OECD-Angaben verliert kein Land so viele Akademiker wie Deutschland. Laut *stern* haben 2016 rund 4 000 Millionäre Deutschland verlassen, während es 2015 noch 1 000 waren. Unternehmer, die für Jobs sorgen. Die Strompreise zu hoch, der Sozialstaat zu großzügig, das Alter nicht gesichert, marode Infrastruktur. Woher sollen Arbeitsplätze für Kinder und Enkel kommen bei der »dümmsten Energiepolitik der Welt« (*Wall Street Journal*)?

Das Fachblatt *Wirtschaftswoche* klagt: »Wir verlieren ausgerechnet die Guten, Leistungswilligen, Selbstbewussten, Risikobereiten. Diese Talente fehlen der Wissenschaft als Ideenlieferanten, sie fehlen den Unternehmen als Fachkräfte, sie fehlen dem Staat als Steuerzahler, dem Standort als Gründer. Und sie fehlen der Gesellschaft als Vorbilder.«

Damit unser Land nicht weiter ausblutet, brauchen wir Politiker, die »bei Trost« sind und die Ausreisewelle als Ansporn betrachten, eklatante Fehlentscheidungen schleunigst zu korrigieren. Unternehmer, keine Unterlasser. Hoffnungsträger, keine Bedenkenträger. Mutmacher statt Miesmacher.

Keine Willkommenskultur für die Bundeswehr

Sie sind uns herzlich willkommen, wenn das Schneechaos ganze Landstriche von der Außenwelt abschneidet, Wälder brennen oder das Hochwasser in den ersten Stock steigt. Aber sonst sollen sie uns bitte schön vom Leibe bleiben. Wohl kein Land der Erde behandelt seine Soldaten so wie Deutschland. Alles, was Bundeswehr heißt, soll sich am besten in den Kasernen verstecken. Aber bitte nur so lange, bis linke Gelöbnisgegner und Bürgermeister verzweifelt um Hilfe schreien, wenn ihre Stadt in den Hochwasserfluten unterzugehen droht. In Sachsen wurde die Bundeswehr im Hochsommer 2019 doch tatsächlich (der Wahlkampf ließ grüßen!) zum Kampf gegen Borkenkäfer eingesetzt.

Aber auf Kampfstiefel müssen unsere Soldaten vier (!) Jahre warten. Wegen »begrenzter Produktionskapazitäten«. Was sind wir für ein Land geworden: Flugzeuge, die nicht fliegen, U-Boote, die nicht schwimmen. Panzer, die nicht rollen. Und jetzt Soldaten ohne Schuhwerk, »als würden Feuerwehrleute Brände in Pantoffeln löschen müssen«, so

Experten. Wer beschützt die Bundeswehr vor den Minister*innen?! Und es gibt ideologisch verwirrte Alt-68er-Pfarrer, die sich weigern, Paare zu trauen, bei denen der Bräutigam als Berufssoldat in Uniform erscheint.

Am schlimmsten sind diese verlogenen Sonntagsreden aus der Politik: Da ist vom Staatsbürger in Uniform die Rede, von unserer Parlamentsarmee und der Bundeswehr als Teil der Gesellschaft. Aber wenn es ernst wird, kneifen nicht wenige. Muss denn ein Gelöbnis oder der Große Zapfenstreich unbedingt auf einem öffentlichen Platz sein? Gehts nicht auch hinter Kasernenmauern? Am liebsten würde man den Staatsbürger in Uniform verstecken.

Wenn ich in Israel oder in den USA bin, sehe ich, wie Völker und Nationen zu denen stehen, die ihre Freiheit und Sicherheit verteidigen. Wer in Uniform einen Laden betritt, bekommt einen Sonderrabatt – »Heldenrabatt« heißt es gedruckt auf manchem Kassenzettel. Busse und Bahnen sind für Soldaten gratis. Das ist nun endlich auch in Deutschland im Gespräch. Alle Zeremonien, auch in Frankreich oder England, sind öffentlich und können ungestört stattfinden, weil das Volk Hetze und Krawall gegen die Armee ächtet.

Anders in Deutschland. Ganz anders. Am 12. November 2019 sollte im Gedenken an die Geburtsstunde der Bundeswehr 1955 ein öffentliches Gelöbnis vor dem Reichstag stattfinden. Aber so einfach ist das in der deutschen Hauptstadt nicht. Da wird ja selbst den amerikanischen Luftbrücken-Helden ein Überflug mit den alten Rosinenbombern aus Umwelt- und Sicherheitsgründen verboten. Auch gegen das Gelöbnis hat sich das Bezirksamt Berlin Mitte eine aparte

Begründung einfallen lassen. Man höre und staune: Das Bezirksamt Mitte ist zuständig. Wir sind eine Bananenrepublik! Der Rasen müsse dringend saniert werden, und anschließende Renovierungsarbeiten zögen sich leider bis in den November. Das Gelöbnis fand dann doch noch statt.

Am historischen 20. Juli, an dem die Parlamentsarmee endlich aus dem geschützten Hof des Verteidigungsministeriums wieder in die Öffentlichkeit vor das Parlament, das Reichstagsgebäude wollte, hieß die abenteuerliche Ablehnungs-Begründung: Die Beregnungsanlage auf der Wiese vor dem Reichstag werde gerade repariert. Ich will mir gar nicht ausmalen, wie Trump oder Macron auf so etwas Beknacktes reagiert hätten. Oder deren Bevölkerung. Bei uns degradiert kleinkarierte Behördenwillkür die Hauptstadt zur Provinz.

Es ist schon schlimm genug, dass die Berliner SPD den Bundeswehrsoldaten Auftrittsverbot in den Schulen erteilen will, wenn sie über den Dienst der Armee aufklären und informieren wollen: »Militaristische Werbeveranstaltungen passen nicht zu unserer friedliebenden Gesellschaft.« Und noch schlimmer: »Für Töten und Sterben macht man keine Werbung.« Da fasst man sich nur noch an den Kopf. Dann sollen sich diese Herrschaften künftig selbst retten, wenn Oder, Spree oder Elbe über die Ufer treten.

Unvergessen die erste öffentliche Gelöbnisfeier nicht weit von meiner Heimatstadt entfernt in Bremen am 6. Mai 1980. Erstmals außerhalb der Kaserne. Die Proteste dagegen, von Kirchen, Gewerkschaften, SPD-Politikern und dem Kommunistischen Bund Westdeutschland organisiert, führten schließlich zur größten und brutalsten Straßenschlacht in der Bremer Geschichte. 257 Polizisten wurden zum Teil schwer verletzt, sechs Bundeswehrfahrzeuge brannten aus, Polizeiwagen wurden beschädigt.

Gelöbnis und Großer Zapfenstreich sind die feierlichsten Zeremonien der Bundeswehr. Wenn »Staatsbürger in Uniform« vereidigt oder geehrt werden, gehört das schon qua definitionem in die Öffentlichkeit. In den seltenen Fällen, wo das geschieht, müssen Polizeiaufgebote bis zu 1000 Mann in Stellung gebracht werden, um das Selbstverständlichste von der Welt vor dem Mob der Chaoten zu schützen.

In Bremen gab es einen beispiellosen Skandal. Letztlich war es die Kapitulation des Staates in seiner schlimmsten Form. Wie gesagt: in Frankreich, England oder den USA völlig undenkbar. Dem Staatsoberhaupt, der ausgerechnet in Bremen aufgewachsene Bundespräsident Karl Carstens, konnte das Land, das er repräsentiert, keinen gesicherten Zugang in das Weserstadion garantieren. Eine ohnmächtige Kapitulation vor dem linken Mob. Er musste mit einem Hubschrauber auf den Fußballrasen eingeflogen werden. Das Staatsoberhaupt! Unfassbar.

Helmut Kohl nannte die mit brutaler Gewalt geführten Proteste einen »in der Geschichte der Bundesrepublik einmaligen Skandal«. SPD-Fraktionschef Herbert Wehner bat öffentlich »um Verzeihung, dass Soldaten und Offiziere der Bundeswehr durch Akte beleidigt und bedrängt worden sind, die unserem demokratischen Gemeinwesen unwürdig sind«. Sein SPD-Genosse und Bremer Landesvorsitzende Konrad Kunick empfahl dagegen, »auf überholte militärische Traditionsformen zu verzichten«. Von »überflüssigem Säbelrasseln« war die Rede.

Die Reparatur einer Beregnungsanlage gegen das Gelöbnis der Bundeswehr. Das ist so skurril, dass einem die Worte
fehlen. Oder einem Worte einfallen, die zum Beispiel der
Alt-Grüne Jürgen Trittin 1998 sagte: »Wer öffentliche Gelöb-
nisse veranstaltet, muss sich über Rechtsradikale in Armee
und Gesellschaft nicht wundern.« Kein Kommentar.

Greta und die Gnadenlosigkeit der Klima-Religion

Ja, Deutschland war einmal Maß und Mitte. Doch heute
sind wir nicht mal mehr Mittelmaß. Wir exportierten einst
begehrte Güter und Dienstleistungen in alle Welt. »Made in
Germany« war das gefragteste Gütesiegel rund um den Glo-
bus. Doch nicht nur Materielles gehörte zum Export aus dem
Land der Erfinder und Entdecker, der Dichter und Denker.

Hier wurde der Buchdruck erfunden, die Bibel begann ihren Siegeszug, die Botschaft des Evangeliums erreichte die
entlegensten Völker. Goethe, Schiller, Thomas Mann gaben
ganzen Epochen Maß und Mitte. Aus Deutschland kam
Bach, der Fünfte Evangelist. Zuletzt ein Papst, den ich immer
scherzhaft als meinen intelligentesten Leser bezeichne. Persönlichkeiten, die die Welt verändert und geprägt haben.

Was ist davon geblieben? Nicht mal Mittelmaß! Die deutsche Hauptstadt schafft es noch nicht einmal, einen Flughafen zu bauen. Ein schreiendes Symbol für den Nieder-
gang! Volksparteien droht die Auflösung. Das Internetvideo
eines blau gelockten Jünglings aus Wuppertal reicht, um
eine Traditionspartei hilflos aus den Angeln zu heben. Vier
lange Tage brauchte die Partei Konrad Adenauers und Hel-

mut Kohls, um endlich (und falsch) zu reagieren. Die Quittung kam binnen Tagen, bei der Europawahl.

Auch die Kirchen marschieren mit, sind kein Bollwerk mehr gegen eine Inflation des Zeitgeistes. Ihre Botschaft ist beliebig und belanglos geworden, verwechselbar und konturenlos. Wenn alles gleich gültig ist, wird bald alles gleichgültig. Einst boten sie ihr einzigartiges Kapital, das sie konkurrenzlos wichtigmacht: Hoffnung über den Tod hinaus. Bildung, die ihren Namen verdient.

Der Reformator Martin Luther und der Pietist August Hermann Francke haben das Schulwesen begründet und entwickelt. Das Christentum als gesellschaftsprägende Kraft mit nachhaltiger Wirkung. Doch jetzt geht es lawinenartig abwärts. Beispiel Hamburg: Im Jahr 2019 hat die dortige Katholische Kirche weitere Schulen geschlossen. Was für ein Signal! Abschied des Christentums aus der wichtigsten Einflusszone. Und kein Aufschrei geht durchs Land.

Statt auf die viel beschworene Nachhaltigkeit zu setzen, begnügt man sich mit dem kurzfristigen Silberstreif einer Sternschnuppe namens Greta. Schließlich hat sie ja auch mal ein Jahr mit der Schule ausgesetzt, um das Klima zu retten. Dass man jedoch für Klimaforschung Mathematik, Physik und auch ein bisschen Ethik braucht, hat sich wohl noch nicht überall herumgesprochen. Schüler reduzieren die ohnehin mangelnde Bildung auf eine Viertagewoche. Was braucht man Wissenschaft, wenn das Herz den Ton angibt und doch Demonstrationen reichen, um dem Klimaschutz Nachdruck zu verleihen. Da schaden Bildung und Fakten nur. Der jüdische Publizist Henryk M. Broder spricht von einer »Infantilisierung der Politik«.

Das muss man erst mal hinkriegen: als 16-Jährige fast die gesamte Wissenschaft zu willigen Gefolgsleuten zu machen oder zum Schweigen zu bringen. Höhepunkt: die versammelte UNO-Prominenz, die dem vierminütigen nervenden Greta-Geschrei betroffen und betreten zuhörte, als handele es sich um die Offenbarungen von Fatima. Keiner fragte, wer warum und wozu diesem Kind diese Tirade aufgeschrieben und sie mit ihr eingeübt hat. Aber warum auch? Gretas Mutter schreibt in der offiziellen Biografie: Greta könne CO_2-Moleküle riechen. Wenn das kein Grund zur Heiligsprechung ist.

Ich, Jahrgang 1952, lasse mich jedenfalls nicht von dieser Klimasekte als Umweltsünder beschimpfen, von Kindern, die elektronisch hochgerüstet und mit Flugreisen verwöhnt sind. Wenn einer nachhaltig gelebt hat, dann meine Generation: zu Fuß zur Schule, defekte Kleidung gestopft, Essen nach Jahreszeit aus der Region, Spielen in der Natur und nicht auf Konsolen, Ferien mit dem Fahrrad ... Seltene Erden, die von Kinderhänden gewonnen und als Schrott wieder nach Afrika entsorgt werden, habe ich nicht verbraucht. Nein, so haben wir nicht gewettet!

Wie peinlich: Leibhaftige Kirchenführer stehen hilflosverzückt am Straßenrand und jubeln den Klima-Kids zu, als gäbe es kein Halten. Was brauchte man auf dem Evangelischen Kirchentag in Dortmund 2019 Jesus, wo man doch Greta und Angela hatte. Ein führender Theologe meinte – und es hörte sich an wie aus einer fernen Zeit –, es habe dort völlig Jesus-freie Gottesdienste gegeben.

Doch viel schlimmer: Bischöfliche Blasphemie schreckt nicht davor zurück, Greta und ihre Gefolgschaft mit Jesus, dem Heiligen Geist oder zumindest mit Propheten zu vergleichen. Man fasst es nicht, wenn man diese anbiedernden, peinlichen und primitiven Vergleiche im Internet aufruft. Als seien es Fake News.

Tja, vielleicht will die geschundene Funktionärsseele auch nur etwas von der Liebe abbekommen, die der kindlichen Klimagöttin entgegenstrahlt. Einmal umjubelt, einmal nicht kritisiert oder ausgepfiffen werden. Einmal nicht an die Missbrauchsskandale denken oder die Gebote Gottes, die man (irrtümlich!) als lebensfeindlich empfindet. Endlich einmal nicht Spielverderber und Spaßbremse genannt werden. Kirchen, die Maß und Mitte verloren haben. Kirchenführer, die lieber alles über Bord werfen, nur um einmal im großen Konvoi des Zeitgeistes geliebt zu werden. Wie erbärmlich. Mir sagte einmal ein lebenserfahrener Pfarrer: Wenn Kirche von der Welt bejubelt wird, hat sie etwas falsch gemacht.

Einige meinen sogar, Jesus wäre auch mitmarschiert, zumindest im Geiste. Nur haben diese Leute vergessen, dass der damals zu Fuß durch Israel wanderte und auf einem Esel nach Jerusalem ritt. Umweltfreundlicher geht es nicht. Er wurde nicht im Klima killenden SUV seiner Mutter vor die Schule gefahren, den Anhänger der letzten Flugreise noch am Rucksack baumelnd.

Ach, apropos Esel: den wollten politisch korrekte Tierschützer aus den Oberammergauer Passionsspielen verbannen. Offizielle Alternative: ein E-Roller. Ja, Gott hat die Oberstübchen tatsächlich unterschiedlich möbliert: Die Akkus sind doch ein CO_2-Schlag gegen die Umwelt.

Die fundamentalistische Klima-Ersatzreligion hat ihre

eigenen Gebote und Gesetze, da kann man sich langwierige demokratische Prozesse sparen. Was soll man noch debattieren (vor Jahrzehnten das Markenzeichen von Kirchentagen), wenn doch alles in Ordnung ist und keiner Rechtsstaatlichkeit oder Fachwissens mehr bedarf. Hauptsache, das Herz schlägt links, was dann auch ohne Umschweife dem Willen Gottes gleichgesetzt wird.

In der offiziellen Schlussansprache des Dortmunder Kirchentages hieß es denn auch programmatisch-selbstgewiss aus dem Munde einer examinierten und ordinierten Pastorin, wie leicht man doch Gott zum politischen Menschenvertreter machen kann. Zu einer Art menschlichem Erfüllungsgehilfen. Bei den Frommen nannten wir sowas früher schnöde »Gott als Groschenautomat unserer Wünsche«, aber seit Bonhoeffer wissen wir: »Es gibt erfülltes Leben trotz vieler unerfüllter Wünsche.« Doch so etwas wäre wahrlich für einen sendungsbewussten Kirchentagsabschlussgottesdienst mit lediglich 37 000 Teilnehmern (zwei Drittel waren bereits abgereist) eine Nummer zu klein. Wenn schon, dann Weltenrettung global und kosmisch.

Also skandierte Frau Pastorin vollmundig und von stürmischem Applaus begleitet: »Wir sehen, wo Gott in der Welt wirkt – durch die Leute von Sea-Watch, SOS-Méditerranée und Sea-Eye, durch Greta Thunberg und die Schülerinnen und Schüler, durch so viele andere – und dabei machen WIR mit ... Behaltet euer Vertrauen, seid unerschrocken, zeigt gemeinsam euren Glaubensmut. Wir haben Gott auf unserer Seite.«

Komisch, die 68er skandierten doch noch als schärfsten Vorwurf gegen die klerikalen Altvorderen, 1914 habe man genau zu wissen geglaubt, wo Kirche stand: an den deutschen Waffen, die Pfarrer fleißig segneten. Oder 1933, als man deutschchristlich auch genau wusste, wo Gott wirkt: in der nationalsozialistischen Bewegung. Formal theologisch also auf der gleichen Ebene wie die Kirchentagspredigt: Mit der Berufung auf Gott verlässt man den menschlich allzu menschlichen demokratischen Diskurs, man schafft quasi die Demokratie ab, denn wagen Sie es mal, Gegenargumente vor einer schweigenden, debattenunwilligen Zuhörerschaft zu entfalten. Der Druck ist fast schon märtyrerhaft.

Dann fällt auch Pharisäertum gar nicht mehr so auf. Der Heuchelei wurde zu Beginn der Sommerferien 2019 die Krone aufgesetzt. Auf dem Höhepunkt der vom Establishment bejubelten »Fridays for Future«-Demonstrationen gab es einen absoluten Passagierrekord auf dem Berliner Flughafen Tegel. 2,2 Millionen Passagiere im Ferienmonat, ein Plus von mehr als zwanzig Prozent gegenüber dem Vormonat, ein neues Allzeithoch für Tegel. Ein Flughafenmitarbeiter berlinerisch-cool gegenüber Reportern: »Wenn es wirklich so etwas wie Flugscham gibt, würden wir das in Tegel zuallererst merken.« Steigende Flugraten, explodierende SUV-Zulassungen. Ein Hoch auf die Greta-Jünger!

Diese Riesen-Schlitten sind inzwischen Marktführer, Klima hin oder her. Allein im Jahr 2018 gab es 990047 SUV-Neuzulassungen. Marktanteil 2019: deutlich über dreißig Prozent. Man will ja mithalten können, den Anschluss an die Nachbarn nicht verpassen. In ihrem fundamentalistischen Sendungswahn fallen Klima-Kids jedoch inzwischen mit Nagel und Feile über die Lackierung her. Sachbeschädigung für einen guten Zweck. Hauptsache, man verpasst die nächste Klima-Demo nicht. Doch wie kann man glaubwürdig für die Umwelt demonstrieren, wenn zum Beispiel hinterher die Stadtreinigung kommen muss, um die Müllberge zu entsorgen?!

Aber solche Kleinigkeiten stören nur die missionarische Sendung, mit Jesus zu marschieren, wenn es um eine so gute Sache geht. Dasselbe gilt für die Grünen, die ich natürlich immer wieder in der Businessklasse sitzen sehe, in der sie Kurzstreckenflüge auf Steuerzahlers Kosten unternehmen, die sie für die Allgemeinheit allerdings abschaffen wollen.

Für die Rettung des Weltklimas geben Grüne alles, scheuen weder Kosten noch Mühen. Kein Weg ist zu weit für die Mainstream-Missionare. Claudia Roth setzte sich zusammen mit einem CDU-Bundestagsabgeordneten im Februar 2019 in den Flieger, Business natürlich, und flog sage und schreibe 41 000 Kilometer der Klima-Katastrophe entgegen. Die Fidschi-Inseln, das Traumziel in der Südsee. Bangladesch, Kiribati und Australien wurden auch noch schnell mitgenommen.

Die Öffentlichkeit erfuhr über diesen steuerfinanzierten Geheimtrip erst durch beharrliches Nachfragen von Journalisten. Die schlappe Ökobilanz der Weltreise, wohlwollend gerechnet: 17 Tonnen CO_2-Anteil pro Person, siebzehn Tonnen! Ein Klacks, brachte die Klima-Expertin doch als Erkenntnis mit ins heimische Berlin: »Eines machte die Reise besonders deutlich: die Dringlichkeit, unverzüglich global umzusteuern.« Das hätte sie auch während einer Radtour durch den Spreewald erkennen können ...

Und was macht unsere Klima-Kanzlerin? Natürlich kann sie nicht wie die Klima-Heilige Greta ein Jahr Regieren schwänzen, um gemütlich mit dem Schiff zu fahren. Aber zum G20-Gipfel nach Japan flog sie Ende Juni 2019 gleich mit zwei Luftwaffenmaschinen. Zwei, weil ja im Land der Erfinder und Entdecker, der Dichter und Denker ein Regierungsflugzeug immer mal eine Panne hat und die bemitleidenswerten Minister dann schnöde »mit Linie« fliegen oder irgendwo in der Einöde die Reparatur abwarten müssten.

Stunden nach dem Klimaschutz-Schnellschuss der Bundesregierung im Herbst 2019 eilten Kanzlerin und Verteidigungsministerin zu drei riesigen Maschinen, um getrennt (!) in die gleiche Richtung in die USA abzuheben. Drei, falls eine kaputtgeht. Die Luftverpestungs-Schickeria kennt keine Hemmungen: Sechs Ministerien haben ihren Hauptsitz in Bonn, 475 Kilometer von der Hauptstadt entfernt. Pikant, ja erbärmlich: auch das Moralin triefende Umweltministerium.

Was hilft all die CO_2-Heuchelei, wenn Regierungsbeamte allein im Jahr 2018 für Flüge zwischen Bonn/Berlin 109 422 Tickets lösten, hin und zurück. Dem standen nur 26 661 Bahnfahrkarten gegenüber. Und die Berliner rot-rot-grüne Landesregierung fuhr mit 16 (!) Luxuslimousinen beim »Fußgängergipfel« vor. Zuvor hatten sich die Mitglieder des Abgeordnetenhauses übrigens eine 60 (sechzig)-prozentige Diätenerhöhung genehmigt.

Im heißen Hochsommer 2019 besetzten mehr als 6 000 Öko-Demonstranten den Braunkohle-Tagebau im rheinischen Garzweiler. Acht Polizisten wurden verletzt, als die selbst ernannten Klima-Aktivisten das Kohlekraftwerk stürmen wollten. Dabei zertrampelten sie mehrere Äcker eines Bauernhofes, der bereits seit dem 17. Jahrhundert im Familienbesitz ist. Alles wurde von den Umwelt-»Schützern« niedergerannt: Petersilie, Möhren, Weizen auf vierzig Hektar. Felder und Früchte – alles platt. Eine Furche des Todes, fünf Meter breit, einige hundert Meter lang. Erbarmungslos. Der Bauer klagt verzweifelt gegenüber der Presse: »Man rennt nicht einfach durch Gemüsefelder. Das sind doch Lebensmittel. Die Pflanzen haben wir angebaut, der Ertrag ist unser Lohn.«

Er habe zumindest mit einer Entschuldigung gerechnet. Was jedoch kam, waren Hohn, Spott und selbstgerechte Häme. Der Berliner Grünen-Politiker Georg Kössler, selbst in Garzweiler vor Ort, twitterte: »Deine Möhren sind nicht wichtiger als unser Klima. Sorry!« Die Klima-Religion kennt keine Gnade. Von Greta beseelt gibts für den Furor kein Halten. Allein die gute Sache zählt. Der Zweck heiligt die Mittel, wenn einem sonst schon nichts heilig ist. Der Bauer zeigt sogar Verständnis für die Demos. Aber dass dafür seine Ernte, das Werk harter Arbeit, zerstört wird, das geht zu weit.

An einer Schule in meiner Nähe, immer vorne bei den Klima-Demos mit dabei, sah ich den Hausmeister, wie er mit einem (sicherlich völlig klima-unschädlichen) Staubsauger das Laub zusammenfegte. Nirgends Klima rettende Schüler in Sicht, die mit Harke und Besen zu Werke gegangen wären. Für manches, was Bildung, auch Persönlichkeitsbildung und Herzensbildung darstellt, ist die Bezeichnung Mittelmaß noch weit untertrieben, ein echter Etikettenschwindel.

Sollten unsere Kinder wirklich nur noch Greta zum Vorbild haben? Verscherbeln wir inzwischen alles unter Wert, was Maß und Mitte einmal ausgezeichnet hat? Es ist nur eine Frage der Zeit, wann man des (wichtigen) Themas überdrüssig geworden ist. Wenn man endlich merkt: Der Kaiser hat ja gar keine Kleider. Doch was bleibt? Haben wir dann nicht unsere Bildungsressourcen längst verbraucht und vergessen, die Substanz verzehrt?

Der große dänische Philosoph Sören Kierkegaard hat recht: »Wer sich mit dem Zeitgeist vermählt, wird bald Witwer sein.« Ich wünsche und erhoffe mir den Tag, an dem unsere jungen Leute die alberne Anbiederung und die billige Ranschmeiße der heutigen Erwachsenengeneration leid sind und wieder nach echten Autoritäten, Persönlichkeiten und Vorbildern fragen. Leute, die sich mit dem Mittelmaß nicht länger abfinden wollen und Maß und Mitte suchen. Ganz nebenbei: Wenn unseren 68er-Demos – ich war kurz vor dem Abitur – damals Eltern, Lehrer oder Bischöfe zugejubelt hätten, hätten wir gewusst, dass wir etwas falsch machen ...

Ich sah den Leserbrief einer Schulklasse, der Bände spricht. »Wir wollen auch das Klima retten«, schrieben die Schüler. »Aber wir gehen freitags nicht zur Demo, denn wir wollen etwas lernen.« Meine Empfehlung, das nachzumachen: statt »Friday for Future« lieber ein »Friday for Education«. Bildung ist nämlich alles. Freitags doppelt lernen, um die Probleme der Zukunft meistern zu können. Das wäre ein Anfang, an dessen Ende unserer Umwelt wirklich geholfen wäre.

Wissenschaft
wider Winnetou

Man könnte es als Karnevalsgag abtun, als Comedy oder als Sommerloch-Thema. Wenn dieser Irrsinn nicht auch noch von unseren Steuergeldern finanziert würde. Schließlich müssen wir ja nicht nur diese »Lehrstühle« (besser: Leerstühle!) bezahlen, sondern dann auch Millionen neuer Bücher für die staatlichen Bibliotheken. Nachdem die politische Korrektheit der Sprachpolizei bereits von *Pipi Langstrumpf* über die *Bibel* bis hin zum Zigeunerschnitzel zu siegen drohte, geht es jetzt ans Eingemachte.

Wie fasziniert war ich als Kind von den ersten Karl-May-Filmen, die in den frühen 1960er Jahren in die Kinos kamen. Auch von den Büchern, wir hatten alle Bände zu Hause. Wie haben wir bei *Winnetou 3* geweint, als der Häuptling der Apachen starb – übrigens als frommer Mann. Hatte doch das Gute sonst immer gesiegt. Jetzt sollte alles aus sein? Niemand hat diese Rolle so überzeugend gespielt wie der »ewige«, scheinbar alterslose Pierre Brice. Für Millionen Deutsche prägte er das Bild der Indianer.

Doch das soll jetzt vorbei sein! Weg mit all den verharmlosenden Jugenderinnerungen, weg mit all der Nostalgie, Sentimentalität und Sehnsucht, die Karl May uns ins Herz legte. Eine »Forscherin« vom »Obama Institute for Transnational American Studies« in Mainz, was so wichtig klingt wie Weißes Haus, FBI und Harvard zusammen nicht, gräbt nämlich das Kriegsbeil aus. Unberufen und von niemandem legitimiert erklärt die Frau Professor, all die Bücher, die Filme und die traditionellen Karl-May-Festspiele in Bad Segeberg und Elspe seien politisch inkorrekt und böten ein völlig falsches Bild von der wahren Historie.

So kann die erstaunte Öffentlichkeit Sätze vernehmen wie diesen: »Wenn in den USA erst indianische Kulturen zerstört wurden und dann hauptsächlich ein klischeehaftes Bild von ›dem Indianer‹ zirkuliert, nimmt man Menschen indigener Herkunft ihre Selbstbestimmung.« Mit sowas schafft man es wenigstens auf die Titelseite von *BILD*, und die Leser können sich nun eine Meinung bilden, für welchen Stuss ihre Steuern verpulvert werden – wie aus dem Henrystutzen abgefeuert, dem legendären 25-Schuss-Gewehr Old Shatterhands.

Die Dame hat in ihrem ideologischen Verbots- und Korrekturwahn allerdings übersehen, dass die jährlich sagenhaften 180 000 Besucher von Bad Segeberg sehr wohl über die bittere Vergangenheit der Indianer informiert werden. Indian Village und das Nebraska-Haus zeigen auf dem Festivalgelände, wie das Leben im Wilden Westen wirklich war. Dass Karl May pure Fiktion ist, weiß doch jedes Kind. So sagt denn auch Gojko Mitic, der Winnetou in den *DEFA*-Filmen der DDR und später in mehr als 1 000 Aufführungen in Bad Segeberg verkörpert hat: »Die Welt hat andere Probleme als Karl May.«

Ähnlich reagierte die einzige (linke!) Sinti-Abgeordnete im Europäischen Parlament auf mein Buch *Rettet das Zigeunerschnitzel*, heute noch ein Bestseller: »Behaltet doch euer Zigeunerschnitzel. Es gibt wichtigere Probleme auf der Welt.« Der *stern* machte daraus sogar eine Titelgeschichte.

Auch Pierre Brices Witwe Hella fährt der Frau Professor

in die Parade: »Die Jugend braucht heute mehr denn je die Werte, die Karl May durch Winnetou und Old Shatterhand überliefert hat.« Sie nennt unter anderem Frieden, Kameradschaft, Treue und Nächstenliebe. Und ganz nebenbei: Seit über dreißig Jahren kommen Mitglieder des Winnebago-Stammes aus Nebraska nach Bad Segeberg und sind von den Aufführungen begeistert.

Aber so ist es mit den selbsternannten Missionaren der politischen Korrektheit: Während die Betroffenen das ganz cool sehen, eifern sich die »Wissenschaftler« umso mehr. Wer weiß, was uns im ehemaligen Land der Dichter und Denker noch so alles blüht. Solange dieser Irrsinn von Universitäten schweigend hingenommen wird und die Mit-Professoren sich nicht schämen, keinen Widerstand zu leisten, rollt die staats-alimentierte Lawine weiter ins Tal der Ahnungslosen.

Es wird nicht mehr lange dauern, bis Alexandras Song *Zigeunerjunge* aus dem Verkehr gezogen wird und das Volkslied *Lustig ist das Zigeunerleben* auf den Index kommt. Othello, der »edle Mohr« von William Shakespeare, darf ja auf der Bühne jetzt schon nicht mehr schwarz geschminkt werden. Und die Tage des Klassikers der Weltliteratur *Onkel Toms Hütte* sind auch bereits gezählt, inklusive der Bus- und U-Bahn-Stationen auf Amrum und in Berlin.

Die russisch-deutsche Schriftstellerin Olga Martynova, Trägerin des Ingeborg-Bachmann-Preises, schrieb in der *FAZ*: »Wenn ich von Kulturbeamten unterschriebene Flyer bekomme, wo Dichter*innen und Teilnehmende begrüßt werden, fühle ich mich unter Druck gesetzt.« Als in der Sowjetunion Geborene sei es für sie ein Déjà-vu: »Absurde sprachliche Empfehlungen von einer Kulturbehörde.« Alt-Bundespräsident Joachim Gauck nennt diesen PC- und Gender-Wahn schlicht und treffend: »Betreutes Sprechen«. Der liberale Konstanzer *Südkurier* meint: »In politisch korrekten Zeiten schwingt bei jedem Satz die Furcht mit: Spreche ich gerade wie Joseph Goebbels?«

Wie gesagt: Wenn es das bloße Hobby einzelner »Wissenschaftlerinnen« wäre, könnten sie ihre Spielwiese gerne behalten und die Welt mit Comedy beglücken. Aber solange wir das mit unseren Steuern finanzieren müssen, ist Schluss mit lustig. Denn diese Herr(!)schaften sind doch nicht ganz bei Trost.

Von hysterischen Müttern und coolen Richtern

Kyrie eleison – Herr erbarme dich! Das möchte man am liebsten rufen, wenn's nicht schon wieder gegen alle genderpolizeilichen Regeln verstoßen würde. Dabei geht es um den Berliner Dom, und da wundert es mich ohnehin, dass es das bei der stramm rot-grün durchideologisierten evangelischen Kirche überhaupt noch gibt: einen echten Knabenchor.

Doch wie lange noch? Eine Mutter (eine Juristin aus Prenzlauer Berg!) klagte beim Berliner Verwaltungsgericht, weil ihre Tochter nicht mitsingen darf. Divers und diskriminierungsfrei solle der legendäre Chor sein, nicht wie anno dunnemals eine Domäne reiner Männlichkeit. Wo kämen wir denn da hin: Männer unter sich. Nur eine Art von Toilette und so. Nix da! Gleiches Recht für alle! Gendergleichheit soll gelten, wo sie eigentlich nichts verloren hat. Ich kenne genug Frauenchöre, wo Männerstimmen auch nicht stören dürfen. Oder spezielle Unternehmungen wie Ladys Lunch oder Frühstückstreffen für Frauen, die ihren guten Sinn haben.

Aber nein: Eine neunjährige Berliner Göre (darf man das überhaupt noch sagen, ohne sprachpolizeilich belangt zu werden?) will unbedingt im Berliner Staats- und Domchor mitsingen. Besser sollte man vielleicht sagen: Es ist die Frau Mama, die will, dass ihre Tochter wollen soll. »Fällt dieser Frau eigentlich überhaupt nicht auf, dass sie ihre kleine Tochter für ihre politischen, ideologischen Ziele instrumentalisiert? Mir tut das Mädchen leid«, heißt es in einem Leserbrief der *Morgenpost*. Und: »Vielleicht kann ein guter Psychiater der Frau helfen.« Ein Hauch von Greta und ihrer Biografin, der Frau Mama, liegt in der Luft.

So sang das einzige Mädchen unter den zahlreichen Knaben vor, und das Auswahlkomitee kam zu dem erwartbaren Schluss, dass das Stimmlein nicht in das Gesamtklangbild passt. Trägerin des Chores ist nicht der Dom, nein, schlimmer: die Universität der Künste, also noch genderbewusster, als es die kirchliche Polizei erlaubt. Dennoch: Njet! Eine herrliche Begründung: »Die Aussicht, dass Ihre Tochter im Chor aufgenommen wird, ist so groß wie die eines Klarinettisten, in einem Streichquartett zu spielen.« Bingo!

Das hält Frau Mutter, Klangbild hin, Knabenchor her, für eine »geschlechtsspezifische Benachteiligung«. Obwohl jeder weiß, der Ohren und Verstand hat und seinen Kopf nicht nur zum Essen gebraucht, dass es anatomische Unterschiede im Singvermögen von Mädchen- und Jungenstimmen gibt, lehnt das die Klägerin in ihrer unmusikalisch-ideologischen Verblendung ab.

Es hat ja niemand behauptet, dass Mädchen etwa schlechter singen können, da sei Gott vor, vor dem alle gleich sind. Aber anders eben, weshalb es ja auch spezielle Frauenchöre gibt oder so etwas wie Alt und Sopran in der Oper.

Diesen Irrsinn hat uns nun die angeblich wissenschaftliche Gender-»Forschung« eingebracht: dass für solchen Unfug unsere Gerichte arbeiten müssen. Ich wüsste Wesentlicheres. Das Berliner Verwaltungsgericht entschied im Sinne der Kunst- und Kulturfreiheit. Demokratische Vielfalt, nicht ideologische Enge: Es gibt auch weiterhin musikalische Diversität! Eben reine Knaben- und reine Mädchenchöre. So wie zum Beispiel am ehrwürdigen Dom zu Köln.

Andernfalls hätten wir mal eben Jahrhunderte Kulturgeschichte geopfert (Dieser Chor zum Beispiel ist 554 Jahre alt.) und uns dann womöglich noch an den Komponisten samt ihren Noten vergriffen. Der Irrsinn neu geschriebener alter Literatur lässt grüßen, inklusive der Unfug einer »Bibel in gerechter Sprache«.

Köstliche Szene vor Gericht: Chorleiter Kai-Uwe Jirka auf die Frage, ob man eine Mädchenstimme zu einer Knabenstimme umformen könne: »Ja, aber nur mit Gewalt.« Da kommt also noch einiges auf uns zu …

Und übrigens: Just während sich das Berliner Verwaltungsgericht ernsthaft mit diesem Unsinn befassen musste, kam ein dramatischer Hilferuf des Geschäftsführers des Deutschen Richterbundes, dass »zehntausende Kriminelle einfach so davonkommen, weil die zuständigen Behörden völlig überlastet sind«.

Zweierlei
Ma(r)ß

Da messen Sie aber mit zweierlei Maß, fuhr ich in einem Sommerinterview der Grünen Claudia Roth in die Parade. Sie hatte sich gerade darüber ereifert, wie schnell bei manchen CDU- und FDP-Politikern der Wechsel vom Parteiamt in die Wirtschaft verläuft. Das sei doch nun wirklich unglaubwürdig, würde der Demokratie schaden und sei ja auch sowas wie Amtsmissbrauch, wenn es in die Branche geht, mit der man vorher »auf der anderen Seite« zu tun gehabt hatte. Ich war gut vorbereitet, auch ohne Fragezettel. Ihr sei wohl entgangen, dass ihr grüner Parteikollege Matthias Berninger direkt vom Amt des Staatssekretärs im Bundeslandwirtschaftsministerium zum Nahrungsmittelhersteller Mars gewechselt ist.

Im Ernährungsministerium hatte er sich noch für eine Aktion gegen Übergewicht bei Kindern stark gemacht, jetzt war er Lobbyist für ebenjene bei Beleibten beliebten Süßwaren. Heuchelei zum Quadrat. Schlimmer gehts nimmer.

Überhaupt haben die Grünen ein Händchen dafür, genau dort für viel Geld Jobs zu finden, wo deren Ideologie nichts zu suchen hat. Und da die Grünen in ihrem Engagement per se gut sind, bleibt der Sturm der Entrüstung meist im Wasserglas. Die ach so kritischen Medien verstummen in Ehrfurcht – bis auf wenige Ausnahmen.

So auch im Sommer 2019, als es in Berlin erstaunlich wenig Aufsehen gab bei einer Personalie, die zum Himmel stinkt – was Geld ja bekanntlich nicht tut. Kerstin Andreae, stellvertretende Fraktionsvorsitzende und wirtschaftspolitische Sprecherin der Grünen, wurde Vorsitzende der Hauptgeschäftsführung des Bundesverbandes der Energie- und Wasserwirtschaft. Nun wird Frau Grün künftig die Interessen von Braunkohle- und Atomkonzernen vertreten. Auf Parteitagen die Welt in Gutmenschen und Bösewichte einteilen, doch null Berührungsängste bei der eigenen Karriere.

Jener Mars-Mensch misst zum Beispiel weiter mit zweierlei Maß. Inzwischen erklärt er für den Bayer-Konzern, warum die Glyphosat-Firma Monsanto doch ganz okay ist.

Nicht von schlechten Eltern war auch der Wechsel der grünen Finanzexpertin Christine Scheel zum hessischen Energieversorger HSE (HEAG Südhessische Energie AG). Das bisschen Atom, was da 2011 noch strahlte, war bei der Rochade natürlich zu vernachlässigen.

Der ehemalige Wirtschaftsstaatssekretär Rezzo Schlauch hatte es nicht so gut getroffen. Erfolglos tingelte er über Land, um für den türkischen Präsidenten und Semi-Diktator Erdogan Investoren zu finden. Aber wer will schon richten? Was grün tut, das ist wohlgetan!

Und ewig läutet die Kuhglocke

Der Klang der Kuhglocken gehört zu den Alpen wie Enzian und Edelweiß. Und Streit um Kuhglocken gehört ebenso zur ländlichen Folklore wie der Anlass selbst. Anhänger verklären das tierische Geläut gern als »Soundtrack der Alpen«. Doch je mehr städtische Zuzügler und ländliche Traditionen aufeinanderprallen, desto mehr häufen sich Gerichtsverfahren über das, was früher selbstverständlich war. Hahnenschrei, Glockenläuten und Gerüche aller Art werden beklagt und verdammt. Immer mehr Prozesse dieser Art beschäftigen die ohnehin überlasteten Gerichte.

Da kommen Städter zum Urlaub aufs Land, doch so ganz Land soll es nun auch nicht sein. Man will nichts hören, nichts sehen und nichts riechen von all dem, was typisch Land ist. Warum fahren die eigentlich dahin? Warum ziehen Leute in die schönste Provinz, wenn sie daran alles schlecht finden?

Seit Jahren mühen sich Gerichte um einen Fall im beschaulichen oberbayerischen Holzkirchen. In dem filmreifen Nachbarschaftsstreit geht es um die Kühe einer Bäuerin, von deren Geläut sich ein Ehepaar gestört fühlt, das neben der Weide wohnt. Inzwischen hat das Oberlandesgericht geurteilt: Die Kühe dürfen weiter läuten.

Dabei hatte das klagende Ehepaar sogar Tonaufnahmen mitgebracht, die beweisen sollten, dass das Gebimmel eine Lautstärke von siebzig Dezibel hat. Und sie hatten sich einen Lokaltermin am Tatort erhofft, damit sich das Gericht ein Bild nicht nur von dem Lärm machen kann, sondern auch von den Fliegen, »die die Kühe umschwirren und dann in Scharen zum Grundstück wechseln«. Damit geht das Holzkirchner Kuhglocken-Drama wohl in die nächste Aufführung. Revision.

Andere Nachbarn hätten gelassener reagiert. Diese Glocken gehörten schließlich zur bayerischen Tradition. Für eine neu zugezogene Familie hat das Geläut sogar etwas Entspannendes und Beruhigendes. Wer das nicht wolle, müsse ja nicht aufs Land in ein Kuhdorf ziehen. Da duftet es nun mal nicht nach Eau de Cologne, aber schließlich auch nicht nach Abgasen. Und statt dauerndem Straßenlärm kräht frühmorgens einmal der Hahn.

Die Glocken sind eine uralte Tradition mit einer lebensrettenden Funktion: So konnten die Hirten ihre frei laufenden Kühe rechtzeitig finden, bevor sie im Nebel abstürzten oder sich verirrten. Die Glocken sind schlichtweg ein Signalinstrument, so ein Brauchtumsforscher. Und ich denke: Wer sich unter hupenden Autos wohler fühlt als unter idyllischem Glockengeläut, der soll einfach seine Koffer packen.

Eine neue Front im Kuhglockenstreit erlebt gerade die Schweiz. Dort schreien Tierschützer auf: Das Umhängen von Glocken sei pure Tierquälerei. Dazu hat sich nun die Wissenschaft offiziell geäußert: »Untersuchungen der Eidgenössischen Technischen Hochschule Zürich brachten bislang kein belastbares Ergebnis über eine mögliche Beeinträchtigung des Kuhwohlseins durch Glocken.« Nun können sie also quasi amtlich für Mensch und Tier läuten. Ist doch schön.

In Bayern gibt es übrigens eine Facebook-Abstimmung »Kuhglocken out«. Dagegen gründete sich eine Gruppe »Pro Kuhglocken«. Dreimal dürfen Sie raten, wer mehr Likes hat ...

Von redenden Pulten und der Bürger*innenmeister*innenwahl

Die Hannoveraner*innen und Niedersächs*innen sind zu beneiden. Denn wer hat schon etwas zu lachen, wenn der Amtsschimmel wiehert oder der Steuerbescheid kommt?

Meist ist die behördliche Bürokratie ja staubtrocken wie ein Stück Knäckebrot. Oder Amtliches wird bewusst in unverständliches Kauderwelsch verpackt, sodass selbst kritische Leser bald ermüden. Hatte nicht erst Bundesinnenminister Horst Seehofer getönt, bestimmte Gesetze würde man bewusst in schwebender Unverständlichkeit belassen, um die Bürger nicht zu erschrecken oder zu empören?!

Und nun Hannover! Ausgerechnet! Die niedersächsische Metropole, weder bekannt durch übermäßigen Humor noch durch regenbogenfarbene Attitüde, macht sich zur Vorreiterin einer Sprache, die sich offiziell »geschlechtsneutral« nennt, beim (vor allem lauten) Lesen jedoch eher nach Comedy klingt. Damit setzen sich die Stadtverwaltenden in Hannover nicht nur viel Spott und Häme aus, sondern auch an die Spitze der Gender-Bewegung.

Die schönste Reaktion war die Überschrift einer Tageszeitung: »Hannover schafft die Lehrer ab.« Voreiliger Schülerjubel wurde schnell mit einer kalten Dusche der Realität angepasst. Denn gemeint war natürlich: Das Wort Lehrer, und das ist nun wirklich ein Unwort, genauso wie Radfahrer oder Rednerpult. Igitt!

Das muss selbstverständlich, so ordnet es die Stadtverwaltung für jeden Bediensteten (ach, wie soll der/die denn nun heißen?!) verbindlich an, ab jetzt Lehrende, Radfahrende oder Redepult heißen. Fortschritt: die Rede. Oder ist es vielleicht gar das Pult, das redet? Sollten sich keine passenden Formulierungen finden lassen, müsse das Gender-Sternchen her, wie es die zuständige Dezernent*innenkonferenz vorschlägt. Jenes Sternchen, das der Verein Deutsche Sprache (VDS) so herrlich zu »fünf Deppenapostrophe in kreisförmiger Anordnung« karikiert hat. Das lese- und augenfeindliche Zeichen wird von Sprachpolizist*innen inzwischen Gender-Star genannt. Ach, da hört man das bemitleidenswerte Sternchen fast flehentlich rufen: »Hilfe, ich bin ein Gender-Star, holt mich hier raus!«

»Sehr geehrte Damen und Herren« fällt natürlich auch weg, denn das begrenzt die anwesenden Zuhörenden auf Männer und Frauen und übersieht den Faktor D wie »divers«. Tabula rasa: »Für eine geschlechtergerechte Verwaltungssprache ist die Bezeichnung Frau/Herr in der Regel überflüssig.« Klar, kennen wir: Aus den Eltern, vorsintflutlich Mutter und Vater genannt, wird Elter 1 und Elter 2. Aus Teilnehmerliste wird Teilnahmeliste (klingt ja auch viel menschlicher und persönlicher), und das stinknormale Wählerverzeichnis wird zum Wählendenverzeichnis aufgehübscht. Und die nächste Bürgermeisterwahl in Niedersachsens Keks-Metropole wird dann wohl korrekt Bürger*innenmeister*innenwahl heißen müssen. Mir geht das sowas von auf den Keks.

Übrigens: Während ich diesen Text in den Computer tippe, wird pausenlos alles rot unterstrichen, also als Fehler gebrandmarkt. Muss ich mich jetzt schämen? Oder reicht es, wenn mein PC das tut, weil er partout nicht »pc« schreiben will, also politisch korrekt ... Ich bräuchte wohl Expertenwissen. Aber halt! Das heißt ab sofort nach Hannoversch-Altonaer-Mundart: Fachwissen. Und aus dem Anfängerkurs wurde der Einstiegskurs.

Die Niedersachsen, sturmfest und erdverwachsen, an der Spitze des Gender-Irrsinns, gleich gefolgt von den kühlen Hanseaten in Hamburg-Altona. Die rund 11000 »Mitarbeiter_innen/Mitarbeitenden/Mitarbeiter*innen« dürfen künftig nicht mehr schreiben, wie ihnen der Schnabel beziehungsweise der Kuli gewachsen ist oder wie es normal denkende Menschen (zum Beispiel deren Eltern oder Kinder) tun.

Nein, das Sprachdiktat (Joachim Gauck: »Betreutes Sprechen«) fordert statt »Herr« oder »Frau« ein bloßes »Liebe Gäste!« oder »Guten Tag!«. Ich würde, um ganz sicher zu gehen, ein einfaches »Tach!« oder »Moin!« vorschlagen.

Auch das CSU-regierte Augsburg schläft nicht den Schlaf der (Gender-) Gerechten, man will ja schließlich nicht als mittelalterlich gelten (da reicht die Altstadt). Darf man dort eigentlich noch »Grüß Gott!« sagen? Ob auch die gute alte Augsburger Puppenkiste schon ausgedient hat?

Verzweifeln muss man aber nicht unbedingt. Das widerspricht ohnehin unserer christlich geprägten europäischen Kultur, wo bekanntlich in jeder Krise eine Chance steckt: »Wo aber Gefahr ist, wächst das Rettende auch« (Hölderlin). Deshalb: Verzweifelnde dürfte es nach dieser Logik gar nicht geben. Laut deutscher Grammatik ist das nämlich Partizip Präsens. Es wären also Menschen, die Tag und Nacht, Stunde um Stunde am permanenten Verzweifeln sind. Und das ist schlicht unchristlich.

So gratuliere ich immer wieder (auch konservativen oder frommen) Organisationen, die von Mitarbeitenden oder Studierenden sprechen. Was für ein Glück haben die doch. Deren Mitarbeiter oder Studenten sind rund um die Uhr bemüht, ihren Auftrag zu erfüllen. Trotz aller gewerkschaftlichen Vorgaben. Niemals schlafen, ruhen, essen, die Seele baumeln lassen. Immer nur auf Arbeit – wie auf Droge, unermüdlich. Backende, Schlossernde, Zimmernde heißen die neuen sprachpolizeilich verordneten Berufsbezeichnungen. Dabei finde ich Zimmerfrau viel schöner.

Der Gipfel sprachlicher Hirnlosigkeit ist es, auch den Singular einzufälschen: »Der Studierende« hörte ich unlängst aus dem Munde eines »Professors« von einer grammatikalisch tief gefallenen Hochschule. Selbst wenn es sich eindeutig um einen einzigen Mann handelt, benutzen Ahnungslose das Unwort Studierende. Reif für die Anstalt!

Meine anwohnenden Arbeitgebenden und Arbeitnehmenden in der Nachbar*innenschaft sind mitsamt ihrem Eheteil (der auch Ehepartei genannt werden kann) empört, Reklame, Briefbögen oder Artikel*innenbezeichnungen auf die neueste Ständin bringen zu müssen. Sie verlangen dringend nach einer Freizeitbetreuungsperson oder nach Mithelfenden, die das Anliegen zur obersten Priorität machen – früher, zur Steinzeit, durfte man das Chefsache nennen. Die einzig Glücklichen sind die werbeindustriell Arbeitenden, können sie doch an den Reklamespots für Baldrian und Kopfschmerztabletten (die werden zunehmend gebraucht!) einen Riesenreibach machen: Nix mehr mit »Fragen Sie Ihren Arzt oder Apotheker«. Diese Durchsage verlängert sich nun um einige Minuten. Gender-Selbstgerechtigkeit als kapitalistischer Konjunkturmotor. Und sollten die konsumierenden TV-Zuschauenden das bis zum Ende durchhalten, haben sie bis dahin garantiert den Namen des Mittels vergessen ...

Ach so, was Hannover angeht: Dieser ganze Gender-Spuk geisterte Anfang 2019 durch die dortigen Amtsstuben. Zur selben Zeit kämpfte der Traditionsverein Hannover 96 gegen den Abstieg aus der ersten Liga (verloren), kämpfte der Gendergerechtigkeit predigende Oberbürgermeister gegen eine Filzaffäre (verloren) und kämpfte das weltweit bekannte »Gesicht« der Stadt, die Hannover-Messe, um den Verbleib der renommierten Computermesse Cebit (verloren). Der Bahnhof verlor durch Dauerdefekt das zentrale Stellwerk und der wichtigste Arbeitgeber VW verlor mal eben Tausende von Stellen. Gewonnen hat man Gender. Das ist doch was, oder?! Da jubeln die Bürger, sprich die in Hannover Wohnenden, die schon länger oder erst kürzer dort Lebenden.

Übrigens: Hannovers Oberbürgermeister ist inzwischen weg vom Rathausfenster wegen Verdachts der Untreue. Problemlos kann man ihm nebenbei auch Untreue gegenüber deutscher Grammatik und bürgerfreundlicher Sprache nachweisen ...

Doch ernsthaft: So ganz wehrlos sind Lieschen Müller und Otto Normalbürger nun auch nicht. Es rollt eine Welle des Protestes, die selbst die sonst so behäbige Schweiz erreicht hat. Ausgerechnet zum »Tag der Frauenproteste 2019«, an dem Zehntausende auf die Straße gingen, gab es eine überraschende Umfrage unter den Eidgenossinnen: Die Mehrheit der Schweizer*innen lehnt diesen Sternchen-Quatsch rigoros ab.

In Deutschland ist das nicht anders. Laut *INSA*-Umfrage wollen nur 27 Prozent, dass die Sprache »angepasst wird«, der Rest ist rigoros dagegen.

Dem Aufruf des »Vereins Deutsche Sprache« unter dem Motto »Schluss mit dem Gender-Unfug« folgten im März 2019 binnen weniger Tage Zehntausende. Eine nie dagewesene Koalition über alle ideologischen Grenzen hinweg, organisiert unter anderem vom VDS-Vorsitzenden Professor Walter Krämer, der Schriftstellerin Monika Maron und dem langjährigen Präsidenten des Deutschen Lehrerverbandes Josef Kraus: Dieter Hallervorden und Hans-Georg Maaßen, Rüdiger Safranski und Dieter Nuhr, der Berliner Musical-produzent Bernhard Kurz (*Cats*, *Phantom der Oper*) und Matthias Schmutzler, Solotrompeter der Sächsischen Staatskapelle, Politiker wie Dieter Althaus (CDU) und Wolfgang Thierse (SPD) oder der römische Kardinal Walter Brandmüller und der evangelikale Lutheraner Peter Hahne.

Meine Bücher waren nicht ganz unbeteiligt, das Thema über Jahre hinweg hochzuhalten. Auf kaum ein Thema kommt so große, einhellige Resonanz wie auf diese elende Sprachpanscherei.

Für mich war dieser Bildungsnotstand immer auch ein Zeichen von Glaubensnotstand. So bilanziert die *FAZ* zu Recht: »Das Gender-Mainstreaming hat den Charakter einer säkularen Religion angenommen. In Hannover hat sie eine ganze Stadtverwaltung befallen. Ihre Vertreter ignorieren die Erkenntnisse der Grammatikforschung beharrlich. Strukturelle Analysen zum Maskulinum als generischem Genus sind für sie verstockter Unglaube.«

Das generische Maskulinum beschert uns Deutschen übrigens die klimafreundlichste und CO_2-ärmste Sprache der Welt. Gender ist umweltfeindlich: Die Reden immer länger, der CO_2-Ausstoß der Hörenden und Redner*innen unermesslich, und für die immer pralleren Texte müssen immer mehr Regenwälder abgeholzt werden. Kommentar der *Neuen Zürcher Zeitung*: »Es wäre an der Zeit, das generische Maskulinum neu zu entdecken. Es ist von schlichter Eleganz, weil es niemanden aus-, dafür aber alle einschließt. Die Sprache gehört nicht höheren Genderbeauftragten oder Verwaltungsbeamten, sie gehört allen, die sie täglich mit Freude und Feingefühl benutzen.«

Also: Rettet unsere Sprache! Rettet auch die Mundarten, die schon Hitler und Honecker vergeblich ausrotten wollten! Sprache heißt Sprache, weil sie gesprochen wird und sprechbar bleiben muss. Der ideologische Genderismus ist Selbstmord an einer lebendigen Sprache. Dagegen wehre ich mich, bis die Pfarrer_innen und die Sargtragenden mich zur letzten Ruhe betten.

BMW, Abraham und Jesus

Ein merkwürdiges Interview! Das Merkwürdigste, was ich seit Langem gelesen habe. Des Merkens würdig. Das (heimliche) Thema: Und die Bibel hat doch recht. Offiziell: Im *Manager Magazin* (Juni 2019) beklagte das reichste Geschwisterpaar Deutschlands, wie schwer die beiden doch an und mit ihrem Reichtum zu tragen hätten. Der »krönende« Satz: »Wer würde denn mit uns tauschen wollen?«

Den Kollegen war es gelungen, die sonst öffentlichkeits- und medienscheuen BMW-Erben Susanne Klatten und Stefan Quandt zu einem hochinteressanten Interview zu bewegen. Aussagen, über die man lange nachdenken kann. Eben: Des Merkens würdig. »Diese Rolle als Hüter des Vermögens hat auch persönliche Seiten, die nicht so schön sind«, sagt Frau Klatten. »Man ist ständig sichtbar und gefährdet, muss sich schützen ... Wir arbeiten jeden Tag hart dafür.« Die beiden fühlen sich missverstanden, wenn es oft heißt: »Die streichen ja nur ihre Dividende ein.«

Wahr ist: Allein 2019 bekam das Geschwisterpaar rund ein Milliarde Euro Dividende aus ihren BMW-Beteiligungen. Klatten hält dort 20,9 Prozent, Quandt 25,8 Prozent. Geerbt haben sie das von ihrem Vater Herbert Quandt. Auch an weiteren Unternehmen sind sie beteiligt. Es ist also alles ererbt, sie könnten die Hände in den Schoß legen. Das machen sie jedoch nicht, sie investieren oder sind an großen Stiftungen beteiligt. Das ist vorbildlich, ohne Zweifel.

So weit, so gut. Es ist beispielhaft, weil diese Familie zu allem gehört, nur nicht zum prahlerischen und verschwenderischen Jetset der primitiven Schickimicki-Gesellschaft. Vor allem im Alten Testament der Bibel wird Reichtum als Segen betrachtet, auch als Belohnung von Gott. Erzväter wie Abraham werden als besonders rechtschaffen und gottesfürchtig beschrieben, wofür Gott sie mit Reichtum segnet: »Und der Herr wird machen, dass du Überfluss an Gütern haben wirst, an Frucht deines Leibes, an Jungtieren deines Viehs, an Ertrag deines Ackers« (5. *Buch Mose* 28, 2 ff). Dazu gehört auch ein Überfluss an Gold oder Silber (2. *Buch Mose* 24, 35).

Doch entscheidend ist immer, was aus den Maßstäben des Glaubens heraus mit dem Reichtum gemacht wird. Das moderne Wort dafür heißt Stiftungen. Ohne das Geld der Reichen, ich denke zum Beispiel an die tief gläubige Schuhunternehmerfamilie Deichmann oder die Familie Loh, Chefs des Weltkonzerns Rittal, würde es manche wohltätige, christliche und missionarische Organisation gar nicht geben.

Bei Jesus im Neuen Testament ist es dann schon anders. Da kommt eine neue Komponente hinzu: Das ewige Leben und die Seligkeit im Himmel sind allemal wichtiger als der größte Reichtum, den ohnehin »die Motten und der Rost fressen«. Man solle sich lieber Schätze im Himmel sammeln (*Matthäus-Evangelium* 6, 19). Und gleich einen Vers weiter heißt es warnend: »Wo dein Schatz ist, da ist auch dein Herz.«

Wie topaktuell die uralte Bibel ist, sieht man am Gleichnis vom reichen Kornbauern, das Jesus erzählt. Es lohnt sich, mal im *Lukas-Evangelium* den spannenden Text nachzulesen (Kapitel 12, 15 ff). Er könnte heute geschrieben sein, jeder Satz ein Hammer. Nur ein paar Worte, doch die haben es in sich! Dieser reiche Mann wird von Jesus in hohem Maße gelobt, weil er eigentlich alles richtig macht. Er ist ein Unternehmer, der seinen Namen verdient. Die meisten Unternehmer müssten ja heute Unterlasser heißen, weil sie nichts unternehmen.

Doch er sitzt nicht auf seinem Geld, er investiert, er denkt in die Zukunft, er handelt radikal: Ihn erwartet eine große Ernte. Dafür sind seine Scheunen zu klein. Nun baut er nicht an oder um, er reißt alles ab und baut neu. Er tut alles, was der neuen Situation angemessen ist. Ein moderner, umsichtiger, wagemutiger Unternehmer, der konsequent und strategisch handelt. Er geht auf volles Risiko.

Doch dann kommt der hammerharte Satz Gottes: »Du Narr, diese Nacht wird man deine Seele von dir fordern. Und wem wird dann gehören, was du bereitet hast?« Dieser Mann hat unternehmerisch alles richtig gemacht, jedoch das Entscheidende vergessen: Er hat seine Rechnung ohne

Gott gemacht. Er hat Gott nicht einkalkuliert. Er hat nicht daran gedacht, als Kandidat des Todes, wie wir es alle sind, zu bedenken: Am Ende, bei der Schlussbilanz, kommt es nicht auf irdischen Reichtum an, da zählt allein das Herz. Ob es am Geld oder an Gott hängt.

Die weltbekannte Begegnung von Jesus Christus mit dem reichen Jüngling macht überdeutlich, welche verführerische Gefahr und Selbsttäuschung im Reichtum liegen kann: Als er dem Rat von Jesus, alles zu verkaufen, nicht folgen wollte und er das ewige Leben damit verspielte, ging er traurig davon. Nur wer sein Herz an Gott hängt, kann fröhlich sein, so steht es schon im Buch der Sprüche.

»Wer Gott folgt, riskiert seine Träume, setzt eigene Pläne aufs Spiel«, dichtete in den 1980er Jahren der wortgewaltige Chemnitzer Jugendpfarrer Dr. Theo Lehmann. Auch den Plan des großen Geldes. Doch wer diesen Traum nicht platzen lassen will, dem bleibt nur noch der traurige Weg weg vom Himmel.

Das Einzige, was an dem Klatten-Quandt-Interview wirklich traurig ist, ist der fast schon selbstgefällige Satz, der wohl Mitleid erregend klingen soll und doch so absurd ist: »Wer würde denn mit uns tauschen wollen?« Beide haben zusammen 37,5 Milliarden Euro Vermögen. Und sie müssten sich schützen, weil sie gefährdet sind. Ich wüsste viele, die gern mit ihnen tauschen würden: unterbezahlte Altenpfleger und Krankenschwestern. Polizisten, die sich in den Städten, die sie schützen sollen, die Mieten nicht mehr leisten können. Ich kenne viele, die sich für 'nen Appel und 'nen Ei abrackern, ohne die aber unser ganzes europäisches Wohlfühl-System zusammenbrechen würde.

Und müssen sich nur die ach so bedauernswerten Quandt-Erben schützen?! Was ist denn mit den Polizisten, die sich dem linksradikal-gewaltbereiten Mob beim G20-Gipfel, bei Häuserbesetzungen oder den Anti-Kohle-Demos in Garzweiler aussetzen müssen. Soldaten, die ihren Kopf für unsere Sicherheit und den Schutz vom Islam terrorisierter Länder hinhalten müssen. Feuerwehrleute und Notärzte, die in ihrer lebensrettenden Arbeit behindert werden. Oder unschuldige, oft anonyme Menschen, die auf unseren Straßen mordender Messerstecherei ausgesetzt sind. Oder deren Wohnungen von Banden ausgeraubt werden. Und die vielen Besorgten, die sich nicht mehr trauen, ihre Meinung frei zu äußern.

Ach, da ließe sich so mancher nennen, dem es schlechter geht als Milliardenerben, wie immer sie auch heißen. Die weder Reichtum haben noch sich den Schutz leisten können, den sie eigentlich bräuchten. Eigentum verpflichtet, heißt es im Grundgesetz. Die genannten Familien beherzigen das. Was ihnen meist entgegengebracht wird, ist Neid, eine typisch deutsche Krankheit. Doch sollte man dann lieber ein ruhiges, verantwortliches Leben führen, statt solche Antworten in öffentlichen Interviews zu geben. Mal als kleiner Ratschlag von einem, der von seiner Pension recht gut leben kann ...

Neue Tees mit alten Eso-Sprüchen

Nein, früher war wirklich nicht alles besser. Aber wir wussten es besser. Nehmen wir nur mal die Teesorten. Als Nordseefan liebe ich natürlich den Friesentee, richtig schön zelebriert mit Sahne und Kandis in der korrekten Reihenfolge. »Friesisches Wölkchen« passt dann schon mal als Name und lässt klar seinen Ursprung erkennen: das herrliche Wölkchen, das entsteht, wenn man die Sahne von der Seite in die Tasse laufen lässt.

Früher wusste man, was man kaufte. Heute muss man erst mal das Kleingedruckte auf der Verpackung lesen, eine Zumutung für Augen und Geduld. Hatte ich als Kind einen verdorbenen Magen, gab es ganz schlicht Pfefferminz oder Kamille. Was waren das noch für Zeiten, als es ganz stinknormalen Malventee gab, Hagebutte oder Sanddorn.

Heute steht man im Supermarkt vor dem Teeregal und glaubt, in einem esoterischen Club gelandet zu sein. Der Fantasie sind keine Grenzen gesetzt: Heiße Versuchung, Gute-Laune-Mischung, Magical Forest ... Der Inhalt kann alles oder nichts sein. Irgendwie beknackt: Landlust, Freude und Harmonie, Teamwork-Tee, Ruhige Seele, Abwehr aktiv ...

Geschmacksrichtungen wie Schokolade, Käsekuchen, Gummibärchen mag trinken, wer will, doch ich will wissen, was ich trinke. Da helfen die tollsten Namen nichts. Grüner Tee oder Rotbusch, meinetwegen auch Apfel. Dann aber mit Klarnamen und ohne die Kreativität von Werbepsychologen, die dem Tee Eigenschaften andichten, die nur durch einen ganz großen Glauben in Erfüllung gehen.

Man fragt sich ohnehin: Trinkt man »Gute-Laune-Tee«, weil selbige einem fehlt? Denn der »Schietwettertee« wird ja auch nicht getrunken, damit es regnet, sondern weil das Wetter eben schiete ist. Also ist diese ganze Namenslyrik im Grunde genommen unlogisch. Vielleicht gibts gegen Unlogik ja auch einen Tee, der gelassen macht. Und apropos

»Ruhe und Gelassenheit«: Der *Südwestrundfunk (SWR)* hat diese Fantasieprodukte mal unter die Lupe genommen mit der erschreckenden Erkenntnis, dass vor lauter Belastungen und Schadstoffen oft weder Ruhe noch Gelassenheit geboten sind. Da passt schon eher »Ruhe sanft«! Also dann doch lieber die gute alte Kamille!

Nur eins würde ich ausnahmsweise akzeptieren: wenn jemand die besondere Mischung »Sei bei Trost« erfindet.

Wahlversprechen: Lügen wie gedruckt

Ein riesiges Plakat, das ans Herz geht. Und damit hätte es sein Ziel schon erreicht. Man sieht eine Frau im weißen Arztkittel mit einem Stethoskop um den Hals. Freundlich, geradezu mild lächelt sie einen älteren Herrn an, der neben ihr sitzt und dem sie den Blutdruck misst. Daneben steht in großen Lettern: »Landärzte stärken. Krankenhäuser erhalten. In jeder Region.« Es ist ein Plakat der SPD für die Brandenburgische Landtagswahl 2019. Die Anmutung ist völlig klar: Da macht eine junge Landärztin einen Hausbesuch bei einem Kranken, und das soll dank SPD auch so bleiben oder noch besser werden.

Doch nichts an dem Plakat hat etwas mit der Realität zu tun. Nichts ist so, wie es scheint. Das Ganze ist das, was man neudeutsch ein Fake nennt, eine gedruckte Lüge. Die Frau ist keine Ärztin, sondern in Wahrheit eine Sekretärin aus der Parteizentrale, als Medizinerin verkleidet. Und der »Patient« ist (glücklicherweise) nicht krank, sondern kerngesundes Parteimitglied der SPD. Reines Theater also.

Auch die Plakate, mit denen der Spitzenkandidat der SPD wirbt, sind nicht besser. Da sieht man Dietmar Woidke, wie er »zufällig« mit einer älteren Dame am Gartenzaun spricht, so von Mensch zu Mensch. Diese Frau gehört weder in den Garten noch an den Zaun, sondern ins Büro der SPD-Zentrale. Sie ist im wahren Leben SPD-Geschäftsführerin. Und das Wahlplakat »für kostenfreie Kitas« zeigt einen Parteimitarbeiter in der Rolle als Vater – mit Kindern, die gar nicht seine sind.

So kann man sich seinen eigenen Wahlkampf kaputtmachen. Das Ergebnis war dann auch entsprechend: verheerende Verluste für die SPD, die sich jedoch verzweifelt an die Macht klammerte. Plakate, über die man spricht, helfen. Plakate, über die gespottet wird, sind eine Katastrophe. Und die größte Katastrophe: Die anderen Parteien machen es kaum anders, im Gegenteil. Peinlich ist es nur, wenn es auffliegt.

Solche Plakate, auf denen Parteisoldaten und -soldatinnen Theater spielen, bestärken nur das, was die Bürger ohnehin denken: Die meisten Wahlkampfslogans sind leere Versprechungen. Worthülsen, die falsche Erwartungen wecken. Nach der Wahl hält sich sowieso kein Politiker mehr an das, was er im Wahlkampf hoch und heilig versprochen hat. Durch diese Fake-Plakate wird dieses festeste aller festen Vorurteile gegen die Politik nur noch verfestigt.

»Ist der noch bei Trost?!«, war mein erster Gedanke, als sich der damalige SPD-Vorsitzende und Vizekanzler Franz Müntefering im Sommer 2006 in den Satz verstieg: »Wir werden als Koalition an dem gemessen, was in Wahlkämpfen gesagt worden ist. Das ist unfair.« Man reibt sich die

Augen, schaut noch dreimal hin, hört noch mal in die Mediathek und stellt dennoch fest: Der hat das tatsächlich so gesagt. Es sei unfair, Politiker an ihren Wahlversprechen zu messen. Ja, woran denn sonst?!

Man kann sich dann die Steuerzahler-Millionen sparen, die für sinnlose Wahlveranstaltungen und sinnfreie Wahlplakate verpulvert werden, wenn das ohnehin alles Fake ist. Damals ging es übrigens um keine Lappalie auf irgendeinem politischen Nebenschauplatz, es ging um das zentrale Wahlversprechen der SPD: Mit uns wird es keine Erhöhung der Mehrwertsteuer geben. Auf Plakaten und Kundgebungen skandierte derselbe Müntefering, der plötzlich von allem nichts mehr wissen wollte, mit ihm werde es diese »Merkel-Steuer« niemals geben. Und dann, als er nach der Wahl mit ebenjener Frau Merkel im Duo die Bundesregierung anführte, gab es nicht nur die Erhöhung auf 18 Prozent, die Merkel gefordert und die Müntefering erbittert bekämpft hatte. Nein! Es gab gleich noch einen Prozentpunkt drauf.

Also: Aus null Erhöhung SPD-Versprechen und zwei Punkte Erhöhung Merkel-Forderung vor der Wahl wurde nach derselben eine satte Drei-Punkte-Erhöhung auf 19 Prozent. Wenn schon lügen, dann dreist. Und anschließend die Wähler beschimpfen, sie wären zu blöd zu verstehen, dass man sich an seine Wahlversprechen nicht halten muss. Die müssen wirklich nicht bei Trost sein.

Was Müntefering meint, ist natürlich klar: In einer Koalition muss man Kompromisse eingehen und kann seine Versprechungen nicht eins zu eins umsetzen. Das weiß doch jedes Kind. Doch in diesem Fall hätte der Kompromiss gelautet: Erhöhung der Mehrwertsteuer auf 17 Prozent. So wären sich beide Partner einen Schritt entgegengekommen. Aber noch einen Punkt draufzusatteln ist so dreist, dass einem jedes Verständnis für die Kunst des politischen Kompromisses abhandenkommt. So wird die Politiker-Verdrossenheit nur noch befeuert. Selbst schuld!

Ich ertrage diesen Dschungel von Plakaten nicht mehr, durch den man sich vor Wahlen schlängeln muss. Da müssen ganze Regenwälder dran glauben, damit sinnfreie Sprüche einem das Blaue vom Himmel versprechen und Kandidaten, von denen man nach der Wahl oft nie wieder etwas hört, einem in voller Selbstdarstellung entgegenstrahlen. Und das oft mit Fotos, die mit der Realität auch nichts zu tun haben.

Paradebeispiel der Lächerlichkeit war das Plakat der SPD-Spitzenkandidatin für die NRW-Landtagswahl 2010, Hannelore Kraft. Ihr Foto glich einer Zeitreise. Warum in aller Welt muss eine 58-jährige Kandidatin wie ein 30-jähriges Model aussehen? Warum muss sie mit Fotos schummeln, um Ministerpräsidentin zu werden? Der Schuss ging nach hinten los. Die Häme nahm kein Ende. Und wo wir schon mal bei Frau Kraft sind: Die brachte es tatsächlich fertig, riesige Anzeigen für eine bessere Bildung zu schalten (»Kein Kind zurücklassen!«), in denen gleich (zur Anschauung?) ein peinlicher Rechtschreibfehler zu finden war: Der SPD sei es zu verdanken, dass es »seid 2010 rund 7 200 mehr Lehrer in NRW gibt«. Seid statt seit! Der klassische Grundschulfehler.

Der Glaubwürdigkeit unserer Politik wäre mehr geholfen, statt Fake-Plakaten und Kandidaten-Selbstdarstellung das direkte Gespräch mit den Bürgern zu suchen. Ungefiltert. Übrigens das Erfolgsrezept vieler Quereinsteiger oder Direktkandidaten, die kaum Geld für teure Wahlkampagnen haben. Der gute alte Marktstand hat noch längst nicht ausgedient! Und wer es fertigbringt, dazu noch die »neuen Medien« zu nutzen mit Chatten und Twittern, der ist auf der sicheren Seite.

Aber das schaffen noch nicht mal steinreiche traditionelle Volksparteien mit ihrer teuren Infrastruktur und ihren riesigen Apparaten. Da musste nur ein blaugelockter Pastorensohn aus Wuppertal namens Rezo kommen, ein Video ins Internet stellen, und die angegriffene CDU brauchte vier ganze Tage und Nächte und 14 Millionen (!) »Likes«, um aus dem Koma zu erwachen und den Ernst der Lage zu erkennen. Dieser kommunikative Mega-Gau hat die Europawahl 2019 entscheidend beeinflusst. Aber das ist ein anderes Thema, das einen ratlos zurücklässt.

Politiker und Journalisten zwischen Gutdenk und Neusprech

Joachim Gauck klang bei seiner Antrittsrede als Bundespräsident stark nach Martin Luther, als er an die anwesenden Politiker appellierte: »Redet offen und klar, dann kann verloren gegangenes Vertrauen zurückgewonnen werden.« Vielleicht hatte er dabei an Sätze wie diese gedacht, die nach krachenden Wahlniederlagen aus Politikermund wie Hohn wirken. Nach dem Dank an die Wählerinnen und Wähler und alle engagierten Plakatkleber und Plakatkleberinnen, die den Mut nie verloren haben, heißt es dann in TV-Statements: »Heute ist kein Tag für Schuldzuweisungen. Natürlich ist es jetzt wichtig, die Situation eingehend und vollumfänglich zu untersuchen und gemeinsam mit Experten ohne Wenn und Aber zu analysieren. Alles muss auf den Prüfstand, um dann nach einem zeitnahen, aber nicht übereilten Urteil die nötigen Konsequenzen zu ziehen ...«.

Die Sprache der Politiker, auch Kauderwelsch genannt, ist eine Mischung aus Neusprech und Gutdenk, aus Worthülsen und Sprachkosmetik, aus Sprechblasen und Fachchinesisch, aus Versatzstücken und Polit-Phrasen, aus Allgemeinplätzen und Fremdwörtern. Jedenfalls ist es nicht die Sprache der normalen Leute und nicht der Klartext, den Luther gesprochen und gefordert hat: dem Volk aufs Maul schauen, ohne ihm nach dem Munde zu reden.

Dabei ist ganz nebenbei Kauderwelsch auch eine Art Herrschaftsinstrument. Hier wird bewusste Unverständlichkeit geradezu zum Ritual erhoben und dient dazu, vor dem Bürger die wahren Ab- und Ansichten zu verschleiern. Die EU, also »Brüssel«, hält dabei alle Rekorde und ist somit ein Monument der Bürgerferne. Je komplizierter die zu entscheidenden Dinge sind, desto kruder ist deren sprachliche Verpackung. Bei der Euro-Rettung blickten selbst die Politiker nicht durch, die dann mal eben für ein paar Milliarden ihre Hand hoben. Doch die Bürger wurden nahezu sediert mit Floskeln wie Euro-Rettungsschirm, Finanztransaktionssteuer, Fiskalpakt, ESM oder EFSF ...

Zu einer Rede des über seine Doktorarbeit gestürzten CSU-Politikers Karl-Theodor zu Guttenberg schrieb ein spitzfedriger Zeitungskorrespondent: »Eigentlich hatte er nicht viel zu sagen, aber das kam gewaltig rüber.« Als Wirtschaftsminister zu seiner klaren Distanz zur Kanzlerin in Sachen

Opel-Zukunft befragt, umhüllte zu Guttenberg seine Antwort als Schulbeispiel von Metapher-Klempnerei: »Die Brücke für mich war, dass die gesamte Bundesregierung zu einer Gesamt-Einschätzung gekommen ist. In diese Einschätzung ist meine abweichende Haltung mit eingeflossen.« Aha ... Wer Sachverhalte so verschleiert, liefert nichts als Mogelpackungen.

Das Schlimmste ist, wenn dieses Kauderwelsch auch noch mit dem Neusprech der Wichtigtuer aufgehübscht wird, diesem elenden Denglisch. Selbst Hans-Dietrich Genscher, legendärer Außenminister und nun wahrlich weit- und weltgereist, monierte: Was soll man davon halten, wenn man mitten in Deutschland zu einem »Get-together« eingeladen wird, das um 18 Uhr beginnt und ein »Open End« hat. Das »Outfit« ist freigestellt, der »Event« findet in einer »coolen Location« statt, wo es »Drinks« und »Fingerfood« und die »Buttons« am »Info-Counter« gibt. Lassen Sie sich also Zeit zum »Smalltalken und Networken«. Wie albern!

Man muss nicht jedes Modewort – vor allem in der Jugendsprache – gleich verdammen, aber der Muttersprache seines Vaterlandes Respekt zu zollen, das hat mit Deutschtümelei nichts zu tun. Die Schönheit der eigenen Sprache ist ein lebendiger Ausdruck unserer kulturellen Identität. Es gibt allerdings tausend Möglichkeiten, unsere Sprache zu verhunzen, schwierig, verwirrend und unverständlich zu machen. So wird das eigentliche Ziel von Sprache kaputt gemacht: verstanden zu werden.

Das Schwelgen in wolkigen Wortgirlanden und das Fabulieren und Filibustern in Fachausdrücken soll einem den Anstrich des Eingeweihtseins geben. In seiner legendären

Berliner »Ruck-Rede« warnte Bundespräsident Roman Herzog vor »Sprachungetümen, in denen sich deutsche, lateinische, griechische und englische Wortteile paaren und die dann noch zu den abenteuerlichsten Buchstaben-Kombinationen gekürzt werden«.

Ich erinnere mich an Einladungen zur Bundespressekonferenz, BPK genannt: »11.15 Uhr BM Meier, StS'in/BMAS Müller und STS/BMAS Schulze«. Gemeint waren die Köpfe des Bundesarbeitsministeriums. Oder: »Dienstag hält StS'in/BMFSFJ Lehmann die Keynote beim DF.« Im Klartext: Die Staatssekretärin des Familienministeriums spricht ein Grußwort beim Deutschen Frauenrat. Wie singen die *Fantastischen Vier* so schön: »HNO, EKG und AOK/LBS, WKD und IHK/UKW, NDW und HubertK/BTM, BKA, hahaha!«

Das beste Kompliment für einen Politiker sollte sein: Er redet Klartext. Aber aus lauter Angst, als Populist verschrien zu werden, wenn man populär redet, versteckt man sich lieber im Floskel-Wald. Die höchste Kunst der Kommunikation ist, komplexe Sachverhalte in verständliche Worte zu übersetzen. Es ist simpler, sich hinter Kauderwelsch zu verbergen, als einfach und verständlich zu reden.

Das gilt genauso für Buchautoren. Für mich ist es wie ein Ritterschlag, wenn Zuschauer oder Leser einem attestieren: Sie versteht man wenigstens. Nur so funktioniert positive Streitkultur, nur so funktioniert wahre Volksherrschaft. Ohne klare Sprache kann man keine klare Position beziehen. »Hahne schreibt, wie der Stammtisch spricht«, geiferte ein filigraner Feuilletonist. Was für ein Kompliment!

Der französische Schriftsteller, Drehbuchautor und Politiker André Malraux fasst es tiefsinnig so zusammen: »Verständliche Sprache bei einem Politiker zeugt von gutem Gewissen.« Der Umkehrschluss dieser Einsicht ist bezeichnend. Unvergessen: Auf dem Weg in ein Fotostudio, um das Titelbild dieses Buches zu »schießen«, fuhr ich durch die Berliner Karl-Marx-Allee. Just dort sendete *rbb-Inforadio* einen Originalton des Kanzleramtsministers über die Kosten der neuen CO_2-Abgaben – in meinen Augen eine gigantische Arbeitsplatzvernichtungs-Orgie.

Zuvor hatte Frau Umweltministerin gefordert, die Inlandsflugpreise drastisch zu erhöhen. Klar, was schert das Politiker, die ohnehin fröhlich auf Steuerzahlers Kosten die Businessclass füllen. Zeitgleich kam übrigens die Meldung, dass für die Vereidigung der neuen Verteidigungsministerin die Abgeordneten zu einer Sondersitzung des Bundestages aus dem Urlaub eingeflogen werden. Für 90 (in Worten: neunzig) Sekunden und 44 Wörter Eid! Da schlägt das Klima Purzelbaum!

Nein, der Klimaschutz würde nicht nur übers Geld geregelt, heißt es nun via Radio aus dem Kanzleramt. Die Bürger sollten sich keine Sorgen machen. Allerdings gäbe es ein paar »Bepreisungselemente«. Ich habe mir das bei einer roten (!) Ampel gleich aufgeschrieben: »Bepreisungselemente«. Wer denkt da in der Karl-Marx-Allee nicht gleich an Erichs Winkelemente, im Oktober 1989 parademäßig letztmalig eingesetzt. Mit verbaler Spachtelmasse wird die Wahrheit verschleiert und die Herrschaft durch Wortgeklingel angetreten.

George Orwell lässt grüßen. In seinem Roman *1984* (vieles aus dem seinerzeit real-existierenden Stalinismus übernehmend) schreibt er 1948 bereits ein »Wörterbuch der

Neusprache«, wie vorausschauend! »Wir geben der Neusprache ihren letzten Schliff. Wir merzen jeden Tag Wörter aus.« Die Neusprache hat das Ziel, die Reichweite der Gedanken zu verkürzen, sie ist eine Art Wirklichkeitskontrolle. »Die Revolution ist vollzogen, wenn die neue Sprache vollendet ist.« Es wird kein Denken mehr geben.

Klar, der pädagogische Euphemismus spricht heute von »einseitig Begabten« statt von Dummen, von »schuldistanzierten« Jugendlichen statt von Schulschwänzern – die ganz aktuell ja Klimaschützer heißen. Orwell pur! Früher hieß es Deutsche, heute »schon länger hier Lebende« (Angela Merkel).

»Bepreisungselemente« – ja, seid ihr denn noch ganz bei Trost! Da fasst man sich doch an den Kopf vor lauter Fassungslosigkeit. Ich war also richtig in Fahrt für die Fotoaufnahmen!

Dieses ganze Parteien-Blabla klingt wie Comedy. Nur ein paar Kostproben aus Partei- beziehungsweise Wahlprogrammen: Großschutzgebietsverwaltungen, Vergesellschaftungsexperimente – was für ein Buchstabensalat. Infrastrukturprojekte sollen durch Build-Operate-Transfer umgesetzt werden. Prävention kann Multimorbidität verhindern. Ein Prädatoren-Managementplan soll Artenvielfalt schützen … Aber wer, bitte schön, schützt uns vor diesem Kauderwelsch einer bürgerfernen pseudo-wichtigen Politsprache?! Ich hätte gern mal die Live-Übersetzung in die Weltsprachen gehört, als Bundeskanzlerin Angela Merkel mit dem Monsterwort »Waldkohlenstoffpartnerschaft« die Klimadebatte der UNO-Vollversammlung bereicherte.

Deshalb Schluss mit dem schrecklichen Blabla und

dieser elenden Phrasen-Drescherei. Die Liste illustrer Beispiele ist endlos. Wörter, die kein normaler Mensch benutzt: politische Hausaufgaben machen, alternativlos, am Scheideweg stehen, Zivilgesellschaft (das Gegenteil von Militärdiktatur?), integrale Konzepte, strukturelle Ökologisierung, die schon länger hier Lebenden, gesamtgesellschaftliche Aufgaben, nachhaltig, Nullzinspolitik, Minuswachstum ... Doch Vorsicht! Peter Struck, einstiger SPD-Verteidigungsminister, hat recht: »Die Medien verschanzen sich genauso hinter Fachchinesisch und Expertensprech.« Journalisten müssen jedoch die Nebelsprache der Politiker durchdringen, entlarven, zur Kenntlichkeit entstellen! Besser kann man es gar nicht auf den Punkt bringen, als ich es neulich in einer Karikatur sah. Fragt ein Politiker den anderen: »Was haben Sie unlängst zur Steuerreform gesagt?« Antwort: »Nichts.« »Na, das weiß ich. Aber wie haben Sie's gesagt?« So etwas gnadenlos aufzudecken ist guter Journalismus. Wobei man, wie Axel Rothkehl in der *Neuen Osnabrücker Zeitung* ein Porträt über mich titelte, »auch lächelnd Biss zeigen kann«.

Aber auch Journalisten spielen ihre Rolle in einem seltsamen Bündnis zwischen Worthülsen-Politikern und Kauderwelsch-Korrespondenten. Ein steter Beweis, wie wohlig man sich in der gemeinsamen Parallelwelt eingerichtet hat, weit weg vom normalen Bürger. »Mancher Hauptstadtjournalist, der sich mit anbiederndem Polit-Sprech in den eigenen Fragen verheddert, darf sich nicht wundern, wenn am Ende eine vernünftige Antwort fehlt« (Jörg Quoos).

Es darf nicht länger Stilelement bleiben, Dinge in der Schwebe zu halten, indem man viel redet und nichts sagt.

In unzähligen Interviews mit Spitzenpolitikern habe ich dieselbe Erfahrung gemacht, die das TV-Urgestein Frank Elstner so beschreibt: »Kaum hat der Toningenieur das Mikro abgekabelt und die Gästebetreuerin ein frisches Pils gezapft, können Politiker plötzlich Klartext reden. Ist die Kamera an, wird schwadroniert.«

Für Journalisten wie für Politiker gilt der unüberbietbar aktuelle Ratschlag von Jesus Christus in seiner berühmten Bergpredigt: »Eure Rede aber sei: Ja, ja, nein, nein. Was darüber ist, das ist vom Übel« (*Matthäus* 5, 37). Damit einem nicht das passiert, was der messerscharfe Satiriker Karl Kraus in bitterer Ironie über beide Berufsstände sarkastisch anmerkt: »Es genügt nicht, keinen Gedanken zu haben: Man muss ihn auch ausdrücken können.«

Behördenterror – oder: Ordnung muss sein

Schade, dass ausgerechnet der von mir geschätzte Heinz Buschkowski das »Opfer« war. Aber diesen Gag konnte ich mir einfach nicht entgehen lassen. Es war bei einem der letzten Sonntagabend-Talks von Günther Jauch aus dem Berliner Gasometer. Die 350 anwesenden Studiogäste applaudierten begeistert.

Obwohl das Thema traurig war: die zunehmende Zahl vernachlässigter, misshandelter und missbrauchter Kinder. Skandalöse Todesfälle in Bremen, Berlin und Hamburg ließen die Leute auf die Barrikaden gehen. Doch der damalige Neuköllner Bezirksbürgermeister musste eingestehen: »Wir haben zu wenig Personal in den Jugendämtern. Die sind jetzt mit Migration und Integration schon völlig überfordert.« Das brachte mich vollends auf die Palme. Und ich »krönte« meine Philippika mit dem umjubelten Vorschlag: »Dann sparen Sie doch Kräfte beim Ordnungsamt ein, die Jugendämter sind lebenswichtig!«

So viel kleinkarierten Bürokraten-Terror wie beim Ordnungsamt erlebt man selten in einem Staat, der weder in der Lage ist, seine Grenzen zu sichern noch seine Bürger zu schützen. Wobei ich betone: Die meist uniformierten Mitarbeiter tun das, was ihnen in fernen Galaxien lebende Politiker zu tun anordnen – insofern stimmt der Name Ordnungsamt in doppelter Hinsicht. Mir tun diese Leute oft leid, die ähnlich wie Polizisten diesen behördlichen Schwachsinn umsetzen müssen.

Aber ein bisschen Kulanz ... Ich sah den Knöllchenschreiber am Straßenanfang, sprang schnell auf völlig leerer Nebenstraße in die Bäckerei und ließ das Auto in zweiter Reihe stehen. Nach zwei Minuten war ich wieder draußen und der Mann völlig außer Atem zeitgleich an meinem Wagen. Wie lächerlich, durch einen 380-Meter-Spurt in sommerlicher Gluthitze ein sicheres Opfer abzukassieren, statt ein Auge mit einer lächelnden Verwarnung zuzudrücken.

Die Bäckerei war kurz vorher drei Wochen lang renoviert worden. Für ein paar Stunden stand täglich ein Brotwagen vor der Tür, blockierte gerade mal zwei der ohnehin wegen Ferien leeren Parkplätze. Eines Morgens: nix Brotwagen, nur schimpfende Bauarbeiter. Das Ordnungsamt hatte eingegriffen und für Ordnung gesorgt. Solche Behördenwillkür führt dazu, dass die letzten Einzelhändler und Gastwirte resigniert ihre Läden dichtmachen.

Dasselbe, als ich mit Kollegen draußen essen war, die Autos vermeintlich ordnungsgemäß in Sichtweite geparkt. Doch ein Wagen ragte 15 Zentimeter zu weit auf den Gehweg. Fünfzehn Zentimeter! »Das Ordnungsamt«, diesmal in weiblicher Form, kannte keine Gnade.

Ganz zu schweigen von den Geschichten, die Gastronomen von ihren Terrassen erzählen. Da kriechen Uniformierte auf der Erde herum, um die Entfernung vom Tischbein zur Straße oder vom Stuhl zur Hauswand zu messen. Millimetergenau. Die stört es nicht, dass unsere Großstädte inzwischen durch Leihfahrräder oder diese unsäglichen Elektroroller vermüllt sind. Auch nicht, wie rücksichtslos damit gefahren wird. Nein, die Gutmenschen unter den Mobilen darf man doch nicht verschrecken.

Apropos Brotwagen und Hahnes zweite Reihe: Es hätte für alle Parkraum gegeben, wäre nicht gerade ein Minister in die noble Gegend gezogen. Dafür wurde ein gelber Postbriefkasten entfernt, ebenso einige der orangenen Mülleimer mit den meist witzigen Aufschriften, und obendrein noch von der Anwohnerschaft dringendst benötigte Parkplätze gesperrt. »Der Herr Minister braucht es bequem und sicher«, so der vielsagende Kommentar eines patrouillierenden Polizisten.

Mein Vorschlag sorgte für Heiterkeit bei Bäckerei und Polizei: Da der Herr Minister, laut *WELT* »die wandelnde Plattitüde«, doch oft mit meist kaputten Regierungsflugzeugen unterwegs ist, könnte man eine Ampel schalten und zwischendurch, zum Beispiel bei der nächsten Panne, die Parkplätze kurzzeitig freigeben. Oder eben jemanden vom Ordnungsamt schicken.

Zug und Flug:
ein Fluch?

Die Lust aufs Fliegen könnte einem glatt vergehen. Also nicht dem gewöhnlichen Volk wie unsereins, aber den Spitzenpolitikern. Die sind bekanntlich trotz allem Klimaverdruss unverdrossen Vielflieger. Und wenn sie zu den Verfassungsorganen gehören oder Mitglieder des Bundeskabinetts sind, kommen sie sogar in den Genuss eines Sonderservices, der sich wohlklingend Flugbereitschaft nennt. Aber was heißt schon Bereitschaft? Wenn denn mal eine solche Staatsmaschine startbereit ist, geht sie zumeist irgendwo während des Fluges kaputt.

Ständig werden neue Pannen gemeldet, welcher Minister in welcher Wüste steckt – also nicht in sie geschickt wurde. Es wäre fast besser, die gelungenen Flüge zu melden. Die anderen gehören inzwischen zur Normalität. Und bis die bestellten fliegenden Neuzugänge einsatzbereit sind, ist vermutlich eine neue Politikergeneration im Einsatz. Also: Tapfer durchhalten, denn der ganze Spaß (im Jahr 2017 exakt 438 Flüge) kostet uns Steuerzahler mehr als eine viertel Milliarde Euro, nicht eingerechnet die Materialerhaltung von mehr als hundert Millionen.

2018 gehörte Kanzlerin Merkel naturgemäß zu den häufigsten Fluggästen. Auch sie stand immer mal irgendwo rum. Flug-Konkurrenz machen ihr als Vielflieger der Bundespräsident und die Minister für Äußeres und Verteidigung. Besonders peinlich sind die Pannen, wenn sie dem Entwicklungsminister in einem armen afrikanischen Land passieren, dem man doch zeigen will, was man alles entwickeln kann. Alles, außer Flugzeuge und Flughäfen. Auf welchem Erdteil dann die Bananenrepublik ist, lässt sich unschwer vermuten.

Also liegt es nahe, zumindest für innerdeutsche Reisen die Bahn zu nehmen. Ausgerechnet zum 70. Jahrestag des Grundgesetzes versagte die Präsidentenmaschine auf dem Flug nach Karlsruhe. Der Pilot meldete vor dem Start eine defekte Cockpitscheibe. »Aus Zeitgründen«, so berichtet die *FAZ*, sei die Nutzung einer anderen Maschine der Flugbereitschaft nicht möglich gewesen. Praktischerweise sind die ja in Köln und nicht in Berlin stationiert. Folglich wurde Bundespräsident Steinmeier »spontan auf einen Privatjet umgebucht«. Da hätte man doch umwelt- und finanzfreundlich auf die spontane Idee kommen können, genauso spontan in den Zug zu steigen.

Bei der Journalisten-Nachfrage, welcher Minister denn so alles mit der Bahn reist, kommen meist nur zögerliche Antworten. In der Regel Allgemeinplätze wie der Satz von Umweltministerin Svenja Schulze: »Wann immer möglich, ist der Verzicht auf Flüge die richtige Wahl für das Klima.« Karlsruhe lässt grüßen! Toll auch die Antwort: Der Minister/die Ministerin fahre »auch« mit der Bahn. Eine interessante Reaktion kam von Entwicklungsminister Gerd Müller: »Ich nutze, wann immer es mir möglich ist, das Angebot der Bahn für meine Dienstreisen.«

Da sind wir also bei des Pudels Kern beziehungsweise beim Hauptproblem allen Reisens: Nicht »wann immer es mir möglich ist«, sondern richtiger »wann immer es der Bahn möglich ist« muss es heißen. Nun bin ich kein Minister, aber die Möglichkeiten der Bahn sind für alle Reisenden gleich beschränkt. Nach drei Wochen intensiven Bahnfahrens vor Kurzem habe ich so alle Varianten erlebt. Und einmal, wirklich nur einmal, konnte ich aus dem Zug eine SMS absetzen mit dem fast wundersamen Inhalt: »heute erstmals pünktlich«. Doch wie zur Bestrafung meines Übermutes blieb die Bahn wenige Kilometer später vor Hildesheim stehen. Eine gefühlte Ewigkeit, Grund unbekannt.

Höhepunkt war das Abenteuer von dreimal Umsteigen, da sollte man gleich drei Wochen einplanen. All das wurde noch dadurch übertroffen, dass am Spandauer Bahnhof ein Zug in meine westfälische Heimat zunächst zehn Minuten Verspätung hatte (»Grund ist ein defekter Vorzug«), dann zwanzig Minuten (»Grund ist ein Defekt am Zug«), dann 25 Minuten (»Grund ist die zu späte Bereitstellung des Zuges«) und plötzlich wie von Geisterhand von der Anzeigetafel verschwand, ohne dass eine Begründung oder ein Ersatzzug genannt wurden. Er war einfach weg.

Nun weiß ich, warum unsere Regierenden nur beim Thema Klimaschutz das große Zug-Wort schwingen, ansonsten aber Bahnhöfe verschämt meiden. Man ist sich nicht mehr sicher, ob von Berlin aus der geplante Zug überhaupt fährt. Die Fahrgastverbände beklagen als Hauptgrund der ständigen Zugausfälle: Es gibt nicht genug Lokführer. Politiker dagegen gibt es zu viel, der Bundestag soll ja demnächst größer werden als Chinas und Nordkoreas Akklamations-»Parlamente«. Da hätten mal lieber ein paar kommende Bundestagsabgeordnete auf Lokführer lernen sollen. Doch der Beruf ist längst nicht mehr so attraktiv, wie er einst Traum für Kinder war. Dazu kommt der hohe Krankenstand bei hartem Schichtdienst und häufig wechselnden Einsatzzeiten. Und die Gewerkschaften haben starre Regeln erstritten, nach denen nicht mal so schnell ein kurzfristiger Ersatz hergezaubert werden kann. So konnte einige Tage einer der wichtigsten europäischen Flughäfen nicht angefahren werden, weil der Leiter eines zentralen Stellwerks bei Frankfurt/Main erkrankt war. Denn vieles lässt sich machen, nur: Ohne Lokführer fährt kein Zug.

Ausgerechnet in der heißesten Zeit des Jahres 2019 – mit Blick auf die Temperaturen und das Ferien-Verkehrsaufkommen – konnte man an manchen Bahnhöfen verzweifeln. Da waren Verspätungen noch das kleinere Übel. Wer es also mit dem Klima ernst meint und dabei nicht nur an andere denkt, müsste sich schleunigst um mehr Personal, besseres Material und um größere Zuverlässigkeit bemühen. So könnten die Politiker selbst verhindern, zu Opfern zu werden. Und wir hätten auch alle etwas davon.

Der Herzinfarkt einer blutleeren Kirche

Wofür ist eigentlich die kirchliche Kanzel da? Nicht nur der Sozialdemokrat Helmut Schmidt bemängelte einst als Kanzler, »eine Predigt ist etwas anderes als die *Tagesschau*«. Ihm seien die Gottesdienste viel zu politisch. Doch es ist so sicher wie das Amen in der Kirche: Es gibt kaum Pfarrer, die im Laufe ihrer Ansprache nicht irgendwann den Hebel umlegen – weg vom Bibeltext Richtung Parteipolitik. Nur an *ein* Weihnachtsfest kann ich mich erinnern, an dem eine einfühlsam predigende, an der Bibel orientierte Pastorin es fertigbrachte, eine ganze Ansprache lang ohne die Wörter Flüchtling, Seenot, Klimakatastrophe, Rechtsradikalismus oder Migration auszukommen.

Der liberale Chefredakteur der *WELT*, Ulf Poschardt, löste Weihnachten 2017 eine tsunami-artige Debatte im Internet aus, als er nach dem Kirchenbesuch twitterte: »Wer soll eigentlich noch freiwillig in eine Christmette gehen, wenn er am Ende der Predigt denkt, er hat einen Abend bei den Jusos beziehungsweise der Grünen Jugend verbracht?!« Kein Wunder, dass die Kirchen eine nie geahnte Massenflucht erleben: Allein 2018 traten aus der katholischen Kirche 216 000 Mitglieder aus (29 Prozent mehr als 2017), 220 000 aus der evangelischen (11,6 Prozent mehr). Insgesamt 436 000 Austritte! Eine Großstadt!

Und die Evangelische Kirche in Deutschland (EKD) lässt verlautbaren, als sei nichts geschehen: Die Gottesdienstzahlen zeigten doch, »dass die Kirchenaustritte das Engagement für den Glauben und das Leben in der Kirche keineswegs bremsen«. Welche Gottesdienstzahlen? Man hat den Schuss immer noch nicht gehört?! Die *WELT* kommentiert treffend: »Solange das Steuergeld noch sprudelt, schlafen Kirchen weiter – ohne jede Existenzangst.«

Nachdenkenswert der Standpunkt des dänischen Philosophen Sören Kierkegaard auf dem Höhepunkt der Liberalisierung der skandinavischen Kirchen. Er schrieb 1854 in seiner Streitschrift *Der Augenblick*: »Dadurch, dass du es bleiben lässt, am öffentlichen Gottesdienst teilzunehmen ..., hast du beständig eine, und zwar eine schwere Schuld weniger: Du nimmst nicht daran teil, Gott zum Narren zu halten.«

Was ist eigentlich die Mitte einer christlichen Konfession? Wo schlägt das Herz? Wo ist das Zentrum für die Gläubigen, woran wird Kirche sichtbar? Jedes Kind kennt die Antwort, jeder Atheist weiß sie: Es ist der Gottesdienst! Der Markenkern einer Kirche, und darin ist sie konkurrenzlos, ist der sonntägliche Gottesdienst.

Von Anbeginn ist das so: Hier versammeln sich Menschen, um Gottes Wort zu hören, zu singen und zu beten, zu taufen und das Heilige Abendmahl zu feiern. Der neomarxistische Philosoph Jürgen Habermas bezeichnete das in seiner historischen Disputation mit dem damaligen Kardinal Joseph Ratzinger staunend als »einmalige Ressource, die die Christen gegenüber allen anderen auf der Welt haben: diese zweckfreie Gemeinschaft«.

Umso erschütternder und bezeichnender, wenn man sich die Statistiken anschaut: Im Jahr 2017 gingen durchschnittlich nur noch 3,3 Prozent der knapp 22 Millionen Mitglieder der evangelischen Kirche in den Gottesdienst. Ganze 734 000 von 22 Millionen, ein Desaster. Müsste sich die Kirche davon finanzieren, sie wäre längst pleite. Seit Jahren befindet sich der Gottesdienstbesuch im freien Fall. Von den 23 Millionen Katholiken in Deutschland gehen immerhin (2017) noch 9,8 Prozent zur Messe, erstmals liegt der Anteil der Kirchgänger jedoch unter der 10-Prozent-Marke.

Die EKD und die Landeskirchen zum Beispiel haben zusammen rund 241 000 hauptamtliche Mitarbeiter, so die offizielle Statistik »Zahlen und Fakten zum kirchlichen Leben 2019«. Dazu kommen, exakt gezählt, 1 098 157 Ehrenamtliche. Die evangelische Diakonie hat zudem 525 707 Beschäftigte und rund 700 000 Ehrenamtliche. Das sind also die

Leute, die direkt von der Kirche leben beziehungsweise mit ihr eng verbunden sind. Will heißen: Nähmen die, was man erwarten könnte, am Herzstück kirchlichen Lebens, dem sonntäglichen Gottesdienst teil, die Besucherzahl wäre erheblich höher. Ohne Worte!

Einzig die Kirchentage waren (!) es, die diese erbärmliche Statistik aufzuhübschen verstanden. Da herrschte, von öffentlich-rechtlichen Medien breit übertragen, tagelang der Eindruck: Kirche ist das Lebendigste, Jüngste und Bestbesuchte, was man sich neben dem Sport vorstellen kann. Doch der Gottesdienst? Er wird meist zum Abschluss eines Kirchentages als eindeutiger Höhepunkt gefeiert.

Vom Dortmunder Kirchentag 2019 berichtet das katholische Blatt *Publik-Forum*, das nicht durch besonders konservative Kritik auffällt: »Halb leer war das Borussen-Stadion beim Schlussgottesdienst, der nicht nur in der Kirchentagslogik, sondern auch im christlichen Selbstverständnis den Höhepunkt der Treffen darstellt.«

Der Kommentator fragt sich, was diese erschreckende Tatsache bedeutet: »Zeigt sich darin nur die verständliche Erschöpfung der Teilnehmenden nach fünf dichten Tagen? ... Oder symbolisiert das halb leere Stadion, dass das Feiern von Gottesdienst und das Bekenntnis zur Kirche für viele verzichtbar sind?«

Ähnliches konnte man ausgerechnet auch im Luther-Jubeljahr 2017 beobachten: Während zuvor über 100000 politisierte Obama-Fans ans Berliner Brandenburger Tor pilgerten, einer Veranstaltung, deren Absender »Kirche« außer durch Anwesenheit eines Bischofs durch nichts zu erkennen war, blieben beim Schlussgottesdienst auf den menschenleeren Elbwiesen von Wittenberg ein paar Jesus-Fans unter sich.

Das Fernsehen korrigierte in der Live-Übertragung mehrmals die Zahlen nach unten, zum Beweis flog ein Hubschrauber des Deutschen Luft- und Raumfahrtzentrums (DLR) über das Gelände. Bilder sagen mehr als tausend Worte. Die ZEIT schrieb am 31. Mai 2017 einen aufschlussreichen Artikel (»eine wunderbare Vermehrung von Teilnehmern«), wie aus zunächst 250000 möglichen Besuchern offiziell 120000 wurden, die in Wahrheit zu 25000 (!) zusammenschrumpften ... Eine kraftvolle Predigt über das achte Gebot hätte den Organisatoren helfen können!

Hat Gottesdienst keine Konjunktur? Im Gegenteil! Wo das Evangelium der Bibel, die frohe Botschaft und gute Nachricht von Jesus Christus in des Wortes bester Bedeutung verkündigt wird, sind die Gottesdienste voll. Da, wo jenseits von Tagesaktualität und Parteipolitik, jenseits dieser elenden Rechthaberei und ideologischen Belehrungen das Wort Gottes im Mittelpunkt steht und die Seele des Menschen angesprochen wird, da ist was los. Ich erlebe das immer wieder dankbar.

Nach den Erfolgen der AfD in den östlichen Bundesländern forderten Bischöfe von den Kanzeln herab von den Politikern »eine hohe Sensibilität für die Sehnsucht der Menschen nach Freiheit, Sicherheit und einem gerechten Miteinander«. Bleibt die bescheidene Frage: Wo gehen Kirchen denn auf diese Sehnsüchte ein? Auf die Sehnsucht nach Vergebung der Schuld und Sorge für die Seele, nach Hoffnung über den Tod hinaus, nach Lebenssinn und dem Wunsch, Gott und den Menschen gerecht zu werden?

Will die Institution Kirche also keinen Herzinfarkt erleiden, gibts nur einen Weg: weg von all dem, was Sprachpolizei, Genderwahn, Tagespolitik oder Theologenwillkür einem vorgeben. Diese Pseudoreligion hat sich längst mit ihrer blutarmen Theologie der leeren Kirchenbänke als Totengräber einer lebendigen Gemeinde erwiesen. Zeitgemäß und modern soll es sein, richtig. Aber nicht modisch und dem Zeitgeist angepasst.

Seid ihr noch bei Trost, mit all diesem parteipolitischen Allotria das letzte Dach, unter dem sich alle jenseits politischer Präferenzen zusammenfinden können, abzufackeln? Sucht den Trost, wo er zu finden ist: im Heiligen Geist, der in der Bibel »der Tröster« heißt.

Schulprobleme
schnell gelöst

Schreiben ist ihr Ding nicht. Einen Deutschtest hätte die Dame wohl nie bestanden, die sich Bildungssenatorin von Berlin nennt. Die Briefe, die Sandra Scheeres an Eltern oder Schulen schickte, strotzten nur so von Fehlern und waren so verquast abgefasst, dass sie Gegenstand ständiger Satire wurden.

Beispiel: »Der Entwicklungstand und die Entwicklungsfortschritte werden mit Ihnen besprochen und bei Unterstützungsbedarf individuelle Fördermaßnahmen für Ihr Kind abgeleitet. Mit dem Erhebungsbogen Quasta auf der Grundlage des Sprachlerntagebuches wird im Sinne des Gesetzes zu dem vorgegebenen Zeitpunkt der Sprachstand für Kinder ab einem Alter von vier Jahren festgestellt.« Selbst

»Bildungsbürger« waren mit diesem an Migranten gerichteten Brief überfordert, der höchstens für ein Quiz herhalten könnte: »Suchen Sie den grammatikalischen Fehler und erklären Sie den Inhalt.«

Nun zeigt sich – mit viel dramatischeren Folgen –, dass Frau Scheeres auch nicht rechnen kann. In der Hauptstadt, dem Eldorado von politischer Parallelgesellschaft und migrantischer Multikulti-Unterschicht, fehlen bis zum Schuljahr 2020/21 rund 26 000 Schülerplätze. Und rund 1 200 Lehrer gibts schon jetzt zu wenig. Doch was heißt Lehrer?!

Nach den Sommerferien 2019 stellte man plötzlich und unerwartet fest, dass von den jetzigen Lehrern lediglich vierzig Prozent »echte«, also ausgebildete Pädagogen, sind. Sechzig Prozent sind Quer- und Seiteneinsteiger.

Nun hat das nicht unbedingt etwas mit Qualität zu tun. Ein Nebenerwerbs-Lehrer oder rekrutierter Rentner mit Herzblut ist allemal besser als ein desinteressierter Vollakademiker. Meine Tante gehörte nach dem Krieg zu solchen Quereinsteigern – fast ohne jede Ausbildung. Zu ihrer Beerdigung kamen viele ehemalige Schüler, um sich bei dieser prägenden Frau zu bedanken. Wer kann das schon von sich sagen?

In Großstädten wie Berlin hat die Misere einen glasklaren Grund, doch niemand spricht darüber offen. Zu groß ist die Angst, als ausländer- und fremdenfeindlich zu gelten, gar als Nazi. Denn die Wahrheit kennt doch jeder: Lehrer unterrichten eben nur notgedrungen an bestimmten Schulen mit bestimmten Milieus und stimmen mit den Füßen ab. Ich kenne Lehrerinnen, die lieber dreißig Kilometer aufs Land fahren, als in Klassen zu unterrichten, in denen nur zehn Prozent der Kinder überhaupt Deutsch verstehen. Die Bürger(-lichen), die es sich leisten können, machen es nicht anders. Landflucht umgekehrt!

Viele Berliner Lehramtsstudenten zum Beispiel kehren der Hauptstadt nach bestandenem Examen schnellstens den Rücken – oder gehen an Schulen oder in Stadtteile, in denen das deutsche Bürgertum das Klientel bildet. Berlin-Zehlendorf hat die meisten regulären Lehrer, der Brennpunkt Hellersdorf die wenigsten. Zufall?

Da hilft selbst die politisch hilflose »Brennpunktzulage« nichts. Immer mehr Lehrer lassen sich krankschreiben, immer weniger wollen noch Schulleiter werden. Fast jede zehnte Grundschule ist bundesweit ohne Rektor. Kein Aufschrei geht durchs Land. Das gleiche Problem bei den Kindergärten: Allein in Berlin fehlen 11 900 Erzieherinnen, im Mini-Bundesland Brandenburg 8 200. Auf dem Rücken von immer weniger Fachkräften wird die politische Bildungsidiotie ausgetragen (griechisch für Laie, Nichtfachleute).

Das Problem wäre einfach zu beheben. Es bräuchte nur ein klitzekleines freiwilliges Signal, einfach nur etwas Selbstverständliches. Politiker könnten sich sogar Gesetze sparen, mit denen sie uns einfache Bürger ja so gern drangsalieren bis hin zum Plastiktüten-Verbot und den Ölkännchen auf den Gasthaustischen.

Es reicht, wenn sich Politiker und die sie ideologisch flankierenden Pastoren vor der gern zitierten Zivilgesellschaft verpflichten: Wir schicken unsere Kinder, Enkel, Neffen und Nichten ab heute demonstrativ auf Brennpunktschulen, die sich der wertvollen, von Kanzeln und Kathedern eindringlich geforderten Integration und Inklusion widmen. Denn die richtige Mischung macht's ja an den Schulen, wie wir aus den Sonntagsreden wissen. Wäre doch ein Klacks! Wir schaffen das!

Gerade durch die politisch verordnete »Inklusion« wird die Regelschule zum Auffangbecken auch für emotional-sozial auffällige Kinder und Jugendliche. In der Förderschule hatten beziehungsweise hätten sie dafür ausgebildete Pädagogen, jetzt wird eine ganze Klasse samt Lehrer damit überfordert. Förder- und Regelschüler sind nun gleichermaßen Opfer.

Doch das einzudämmen und abzumildern könnten Kinder aus Politiker- oder Pastorenhaushalten nebst ihren Eltern sicher helfen. Auch durch interfamiliäre Freundschaften über den Schulalltag hinaus. Damit rückten Gesetzgeber wie Schönredner wieder näher an die Realität. Was für ein Mehrfachgewinn!

Dann kämen auch Lehrer nachgezogen, die sich von dem kräfteraubenden Förderunterricht und den zusätzlichen Besprechungen mit Soziologen und Psychologen nicht mehr abschrecken ließen. Das würde auch klimaschädliche Schülerreisen in Schweizer oder Londoner Internate sparen und Privatschulen entlasten. So einfach geht das.

Das verschwiegene Schwert

Zufall? Kurz bevor ich diesen Text in den Computer tippen will, zappe ich noch mal durchs Fernsehprogramm. Auf dem Platz der *ARD* teilt mir mein Kabelanbieter auf der Hinweistafel 13 mit, dass dieser Sender derzeit kein Programm hat. Ich solle doch mal in meiner Fernsehzeitung nach den Uhrzeiten schauen. Ein irrer Zufall. Sowas hatte ich noch nie. Hinterher stellte sich das als Panne heraus.

Nun, vielleicht gibt es gerade nichts »gesellschaftlich Relevantes« zu berichten, dachte ich. Oder nichts, was von »gesamtgesellschaftlicher Bedeutung« ist. Auch nichts, was gerade eine »politische beziehungsweise gesellschaftliche Diskussion ausgelöst hat«. Mit genau diesen Worten erklärten nämlich gebührenfinanzierte Leitmedien wie die *ARD-Tagesschau* und der *Deutschlandfunk* (DLF), warum man nicht darüber berichtet hatte, als der angebliche Syrer Issa Mohammed mitten auf einer Stuttgarter Straße mit einem Langschwert seinen Mitbewohner Wilhelm L. auf bestialische Weise getötet hatte.

Der Mörder stammte eigentlich aus Jordanien, war jedoch mit falscher Identität unkontrolliert nach Deutschland gekommen und lebte unbemerkt als Syrer unter uns. Sein Opfer soll von dem Schwindel erfahren haben.

Es gibt sogar Bildmaterial von dieser schrecklichen Tat, wie der illegale Asylbewerber immer und immer wieder mit dem Schwert auf sein Opfer einschlägt. Aufgenommen von einem Anwohner.

Doch *ARD* und *DLF* war diese brutale Tat mit dem außergewöhnlichen Tatwerkzeug keine Silbe wert. Man fasst es nicht. Komisch: Für die *New York Times* und die *Daily Mail* (London) war es eine Meldung.

Passte unseren Medien das gerade nicht ins gesamtpolitische Konzept, so kurz vor den Landtagswahlen in Mitteldeutschland? War doch gerade bekannt geworden, dass Hunderttausende mit gefälschten Identitäten im Land leben. Sogar ein bekannter Bundesliga-Fußballer sollte eine selbst gestrickte Legende haben.

Das soll alles gesellschaftlich nicht relevant genug für eine Nachrichtenmeldung sein? Ein Schelm, wer Böses dabei denkt. Man beachte, was aus dem Ausland alles gemeldet wird, ohne dass es uns derart betrifft und betroffen macht.

Der *Deutschlandfunk* brachte dann Tage später doch noch eine Nachricht von gesellschaftspolitischer Relevanz und gesamtpolitischer Dimension: dass der baden-württembergische Justizminister Guido Wolf (CDU) es als »gedankenlos« kritisiert habe, dass das Mordvideo im Internet verbreitet würde. Das ist nun wirklich eine Meldung wert ...

Politik – ein gnadenloses Geschäft

Dass viele Bürger vom Politikbetrieb die Nase voll haben, das haben sich die Politiker selbst zuzuschreiben. Dazu bedarf es der ach so bösen Medien gar nicht. Der Alltag bietet genug Anschauungsmaterial, um die Verdrossenheit der Wähler zu verstehen. Dazu kommt nun noch das Internet, das die Gnadenlosigkeit im Umgang zwischen den Partei-»Freunden« geradezu potenziert. Es gibt eben keine allgemeine Politikverdrossenheit, wie man es gerne schön- und kleinredet. Das Entsetzen richtet sich gegen die Politiker als Personen. Wobei die meisten, das muss man gerechterweise betonen, tadellos arbeiten.

Besonders die SPD, die sich immer wieder als solidarischer Traditionsverein und älteste Partei Deutschlands rühmt, bietet nahezu täglich Neues aus der Welt der Erbarmungslosen. »Wenn wir schreiten Seit' an Seit' ...« wird bis heute am Schluss jedes Parteitages gesungen. Und doch immer wieder das alte Lied: Nirgends geht es brutaler zu als bei den Linken im Lande.

Beispielhaft, wie gnadenlos Andrea Nahles im Sommer 2019 nach nur dreizehn Monaten als SPD-Vorsitzende aus dem Amt gemobbt wurde. Regelrecht vom Hof gejagt. Es traf sie so hart, dass sie über Monate völlig von der Bildfläche verschwunden war, sogar ihre Handynummer wechselte. Für niemanden war sie zu erreichen. Einfach abgetaucht.

Wie einst Oskar Lafontaine, der im März 1999 in Bonn ins Auto stieg Richtung Saarbrücken, nachdem er Knall auf Fall die Posten des SPD-Vorsitzenden und Finanzministers hingeschmissen hatte. Ohne jegliche Erklärung, einfach weg. Das war damals mein erster Tag in der Leitung des ZDF-Hauptstadtstudios, unvergessen. In der Live-Sendung am Abend war ich dann umgeben von Politikern, die das Blaue vom Himmel heuchelten, wie leid ihnen das alles täte. Dabei waren nicht wenige im Hintergrund an Demontage und Intrige beteiligt gewesen.

Doch jener Lafontaine war ja nun auch nicht von schlechten Eltern, was Hetze und Häme betrifft. Als Kanzler Helmut Schmidt im Sommer 1982 in der Debatte um den NATO-Doppelbeschluss Bündnistreue mit den USA einforderte, holte Lafontaine zum größtmöglichen Tiefschlag aus und erklärte, mit den von Schmidt gelobten Sekundärtugenden »Pflichtgefühl, Berechenbarkeit, Machbarkeit, Standhaftigkeit« könne man »auch ein KZ betreiben«. Als wäre er nicht ganz bei Trost. Lafontaines spätere Frau Sahra Wagenknecht wurde, wie jeder weiß, von der Führung der Linkspartei so lange gemobbt, bis sie sich 2019 entnervt und verbittert von ihren Ämtern zurückzog.

Selbst vor körperlichen Auseinandersetzungen schrecken die ach so solidarischen Linken nicht zurück. Unvergessen der Grünen-Parteitag 1999 in Bielefeld, ich war als Berichterstatter vor Ort. Es ging um die deutsche Teilnahme am Kosovo-Krieg. Selten habe ich in einer Versammlung, in der ja auch Regierungspolitiker aus Bund und Ländern saßen, leibhaftige Parteivorsitzende und Funktionsträger aller Ebenen, eine solche Aggressivität erlebt. Die Friedenspartei im Nahkampf und Grabenkrieg. Ähnlich »konsequent«, wie ich manche »Fridays for Future«-Klima-Demo erlebe, bei der hinterher die Stadtreinigung ganze Müllberge beseitigen muss und Mami mit dem Klima killenden SUV die Kinder abholt. Man will ja schließlich noch pünktlich den Flieger zum Wochenendtrip nach London erreichen.

Der damals ranghöchste Grüne, Außenminister Joseph Fischer, war in Bielefeld von seinen Sicherheitsbeamten vor seinen eigenen Leuten nicht mehr zu schützen. Gewalt brach sich Bahn bis an den Vorstandstisch, wo er saß. Er wurde von einem »grünen« Farbbeutel hart am rechten Ohr getroffen, an den Folgen leidet er bis heute.

Wer jedoch meint, die Demontage von Führungspersonen und der ätzende Umgangston seien ein Alleinstellungsmerkmal der politischen Linken, muss sich getäuscht sehen. Zwar geben sich Union und FDP gerne als Hort der Bürgerlichkeit, als Säulen von Anstand und Respekt, doch nicht nur hinter den Kulissen sieht es völlig anders aus. Wenn ich erzählen dürfte ... Allein, was Franz Josef Strauß über Helmut Kohl dachte und sagte und dieser über jenen, könnte Bände füllen.

Manches geschieht aber auch auf offener Bühne, man denke nur an die peinliche Abkanzelung (im wahrsten Wortsinn!) von Angela Merkel durch ihren Unions-»Freund« Horst Seehofer auf dem CSU-Parteitag im November 2015. Oder eine besondere »Begegnung unter Parteifreunden«, die sich vor Zeugen abspielte: Der damalige Kanzleramtsminister Ronald Pofalla (CDU) fuhr den beliebten Innenpolitiker Wolfgang Bosbach jenseits aller Christlichkeit an: »Ich kann deine Fresse nicht mehr sehen. Ich kann deine Scheiße nicht mehr hören.«

Die spätere Präses der evangelischen Synode Irmgard Adam-Schwaetzer donnerte einst ihrem FDP-»Freund« Jürgen Möllemann entgegen: »Du intrigantes Schwein!« Doch unschlagbar ganz oben auf der Hitliste der Fäkal-Etiketten unserer Politik-Prominenz: Joseph Fischers Ausfall gegen den damaligen Bundestagsvizepräsidenten Richard Stücklen (CSU): »Mit Verlaub, Herr Präsident, Sie sind ein Arschloch!« Solche Vorbilder wünscht man sich doch, die einen so richtig zum Wählen animieren …

Und während sich die politische Klasse 2018 noch künstlich über Alexander Gauland erregte, der mit seiner AfD »die Regierung jagen« wollte (ja, was sonst ist denn die Aufgabe einer Opposition?!), inszenierte sich Andrea Nahles als neue SPD-Chefin öffentlich und programmatisch mit der Ankündigung, die politische Konkurrenz werde »auf die Fresse bekommen«.

Mit dieser Körperregion haben es Spitzenpolitiker ohnehin besonders gern. Wolfgang Kubicki, nicht nur FDP-Frontmann, sondern auch Vizepräsident des Deutschen Bundestages, sprach in einem *ZEIT*-Interview von regelrechten Gewaltfantasien, die ihm zum Beispiel im Gespräch mit dem Grünen-Politiker Anton Hofreiter gekommen seien: »Noch so 'n Spruch, Kieferbruch.«

Ehre macht auch ein anderer Bundestagsvizepräsident diesem hohen Amt, das eigentlich zur Neutralität verpflichtet und als Vorbild dienen soll: Der SPD-Politiker Thomas Oppermann schrieb in einer Twitter-Nachricht (also kein verbaler Ausrutscher in der Hitze des Gefechts): »Du armseliger Verleumder!« Gemeint war der ehemalige Juso-Funktionär Filippos Kourtoglou, heute IG-Metall. Dieser hatte aus Sorge um seine Traditionspartei SPD geschrieben: »Wenn euer Geltungswahn nicht bald endet, spaltet ihr die Partei.«

Klar, Politiker waren auch früher keine Heiligen. Mit Samthandschuhen ging's da noch nie zu. Man denke nur an die vernichtende Häme Herbert Wehners gegen seinen SPD-Genossen Willy Brandt (»Der Herr badet gerne lau.«). Doch hielt sich das alles noch im Rahmen. Heute scheinen alle Dämme gebrochen zu sein. Respekt, Anstand und Haltung haben kaum noch Konjunktur. Sigmar Gabriel äußerte im Wahlkampf 2012: Ziel der SPD sei es, nicht nur die Regierung abzulösen, sondern »rückstandsfrei zu entsorgen«. Johannes Kahrs wiederholte diese Aussage 2013 in folgendem Tweet: »Wir (die SPD) wollen ja alle die Merkel entsorgen und besser regieren.« Diese gnadenlose Unmenschen-Sprache wurde jedoch erst zum Skandal, als die AfD sich dieses »vorbildlichen« Vokabulars bediente. Ein Schelm, der Böses dabei denkt …

Dass jemand, der gravierende Fehler gemacht hat, seine Ämter abgeben muss, ist klar. Heute geschieht das allerdings meist wegen überzogener Empörung oder weil ein Sündenbock her muss. Nicht nur in den a-sozialen Medien heißt dann die Devise: »Freigegeben zum Abschuss.« Bei Andrea Nahles reichte die Häme der eigenen Leute zuletzt sogar bis ins Körperliche, in ihren Kleidungsstil und ihr Auftreten.

»So brutal darf Politik nicht sein«, barmte Linken-Politiker Dietmar Bartsch. Und Juso-Chef Kevin Kühnert jammerte vor den Mikrofonen, er schäme sich für seine SPD. Wobei wir wieder bei den Heuchlern wären. Auch ein Grund, warum sich immer mehr Bürger von ihren »Volksvertretern« abwenden. Die seien doch nicht mehr ganz bei Trost, erklären mir immer wieder besorgte Bürger als Begründung, mit »denen da oben« nichts mehr zu tun haben zu wollen.

Dabei ist das Rezept so einfach, geradezu kinderleicht, wie ich es von meiner Großmutter früher immer wieder zu hören bekam: »Das gehört sich nicht!«

Meinungspolizei mit Maulkorberlass

Darf man nicht mehr sagen, was man denkt? Gibt es in Deutschland einen ungeschriebenen Maulkorberlass von einer unheimlichen Sprachpolizei? Anfang 2019 tobte eine heftige Debatte im Lande, angestoßen von der Magdeburger Handball-Legende Stefan Kretzschmar. Seine These, klipp und klar und treffsicher wie ein verwandelter Siebenmeter: »Wir haben keine Meinungsfreiheit im eigentlichen Sinne.«

Und weiter: »Nur noch politische Mainstream-Meinung ist gefragt«, so »Kretzsche«, wie ihn seine Fans nennen. Als Beispiele nannte er »Wir sind bunt« oder »Refugees welcome«. Wer sich dazu, also zur Flüchtlingspolitik, gesellschafts- oder regierungskritisch äußere und von all dem Bunten nichts hält, bekomme »sofort jedes Wort vorgeworfen«. Man müsse inzwischen sogar um seinen Arbeitsplatz bangen oder – wie er – um seine Werbeverträge.

Starker Tobak? Total aus der Luft gegriffen? Zwei renommierte Meinungsforschungsinstitute sind dieser Frage nachgegangen – mit einer eindeutigen Antwort. Sowohl das *Institut für Demoskopie in Allensbach* als auch das Erfurter *INSA*-Institut (das am Wahlabend in Bund und Ländern übrigens immer am dichtesten an den realen Zahlen liegt) kommen zu dem gleichen Ergebnis: Die meisten Deutschen sind der Auffassung, nicht mehr offen reden zu können. Bestimmte Fakten und Ansichten unterdrücke man lieber, um nicht in die rechtsextreme Ecke gestellt zu werden.

Mehr als die Hälfte der Jugendlichen denkt das. Lediglich 18 Prozent der Befragten sagten, sie könnten frei und ohne Einschränkung ihre Meinung äußern. 18 Prozent! Und 35 Prozent ziehen sogar den Schluss, dass freie Meinungsäußerung nur noch im privatesten Kreis möglich sei. Eine schallende Ohrfeige für die Nation des Grundgesetzes! Eine Katastrophe für die Demokratie! Nebenbei: Zwei Drittel der Deutschen finden es laut Allensbach völlig übertrieben, dass Begriffe wie Ausländer mit umständlicher Wortakrobatik in »Menschen mit Migrationshintergrund« kosmetisch frisiert werden.

Die *BILD*-Zeitung fragte Prominente, wie sie über Kretschmars Intervention denken. Der ehemalige DDR-Lieder-macher Wolf Biermann antwortet kurz und bündig: »Die Lüge dieses genialen Handballers ist ein Eigentor.« Differenzierter sieht es der Psychologe und Islam-Kritiker Ahmad Mansour, als Palästinenser in Israel aufgewachsen, fast Terrorist geworden, heute einer der wichtigsten Kenner des islamischen Extremismus in Deutschland: »Aus Angst, die Rechten zu stärken, sind in jüngster Zeit Tabus entstanden bei Themen wie etwa Islam oder Integration, die es schwer machen, offen und sachlich zu diskutieren.«

Der Politologe Jürgen Falter: »Wer bereit ist, den Unwillen der anderen zu akzeptieren, kann seine Meinung frei sagen.« Nur, wer hat schon diese Courage? Aus der Flut der Leserbriefe zu Kretzschmar nur einer: »Endlich mal ein Prominenter, der sich traut, das Thema anzusprechen.«

Nirgends wird deutlicher, was Sprachpolizei bedeutet, als bei der Kür des »Unworts des Jahres«. Quasi amtlich und offiziell verkünden unberufene Sprach-»Wissenschaftler«, die von niemandem legitimiert sind, was man alles nicht sagen darf. Todsünden, die es zu ächten gilt. Zum Beispiel 2018 das Wort »Anti-Abschiebe-Industrie«. Damit hatte der CSU-Landesgruppenvorsitzende Alexander Dobrindt zugespitzt sagen wollen, dass es Initiativen (oft kirchliche!) gibt, die Migranten gezielt Hinweise geben, wie sie sich einer Abschiebung entziehen können oder sie sogar rechtzeitig vorwarnen.

Komisch, das viel schlimmere Unwort des grünen (!) Ministerpräsidenten Winfried Kretschmann kam gar nicht in die engere Wahl: Die Gewalttätigen unter den arabischen Flüchtlingen seien »testosterongesteuerte Männerhorden«.

Kommt es also darauf an, wer welche Meinung äußert? Stehen linke Politiker oder »Säulenheilige« unter Naturschutz? Springer-Chef Mathias Döpfner kommentiert: »Deutschlands Politik- und Medieneliten schlafen den Schlaf der Selbstgerechten und träumen den Wunschtraum der Political Correctness.« Unter dem Tarnwort Toleranz betreibe man in Wahrheit Unterwerfung.

Ich denke an Helmut Schmidt. Der frühere Kanzler und Meister klarer Worte hatte bereits in den 1990er Jahren davor gewarnt, »nicht Integrierbares integrieren zu wollen«. Der Islam passe nicht zur europäischen Kultur und werde sich niemals anpassen. Im *FOCUS* erklärte Schmidt 2005: »Wir müssen eine weitere Zuwanderung aus fremden Kulturen unterbinden.« Die Zuwanderung aus Schwarzafrika oder Ostanatolien bringe unlösbare Probleme. »Diejenigen, die sich nicht integrieren wollen, hätte man lieber draußen gelassen.« Helmut Schmidt! Star der SPD! 2005! Hätten Kohl oder Strauß das gesagt, es wäre nicht nur die Sprach- und Meinungspolizei auf den Beinen gewesen.

Interessant: Auf den Unwort-Katalog schaffen es auch andere Wörter nicht. Warum eigentlich? Ist »alte weiße Männer«, eine pauschalierende Abfälligkeit gegen Menschen, die angeblich selbst niemals diskriminiert wurden, etwa kein Unwort? Oder das Totschlagwort Islamophobie, mit dem jegliche Kritik am Islam im Keim als rechtsradikale Verunglimpfung erstickt wird. Oder »besorgte Bürger«, ein Wort, mit dem Kritiker, die auf politische Missstände vor allem in der Flüchtlingsfrage hinweisen wollen, lächerlich gemacht und ins Abseits gestellt werden – natürlich ins rechtsextreme.

Diese Bürger meinte Joachim Gauck mit seiner hochinteressanten These von einer »erweiterten Toleranz in Richtung rechts«. Doch dieser weise Vorschlag ging im Hochsommer 2019 gleich im Geschrei der multikulturellen Parallelgesellschaft von linken Politikern und Journalisten unter. Man dürfe nicht jeden, »der schwer konservativ ist«, für eine Gefahr für die Demokratie halten, so der Altbundespräsident. Die Leute hätten es satt, abgestempelt und in die rechte Ecke gestellt zu werden, nur weil sie ihre Meinung äußerten. Es gibt eben Menschen, für die zum Beispiel Sicherheit und kulturelle Identität wichtig sind. Man müsse, so der Ostdeutsche Gauck, sorgsam differenzieren zwischen »rechts – im Sinne von konservativ – und rechtsextremistisch oder rechtsradikal«.

Etwas, wofür ich mich in meinem Bestseller *Schluss mit euren ewigen Mogelpackungen – Wir lassen uns nicht für dumm verkaufen* bereits zwei Jahre zuvor vehement eingesetzt hatte. Es kann doch nicht sein, dass das, was vor Jahren noch gängige Meinung war, plötzlich via Meinungsdiktatur mit dem Verdikt »extrem« versehen wird. Gegen den Relativismus dieser Meinungsdiktatur sollten wir wieder eine neue Leidenschaft für die Wahrheit entfachen!

Wir sollten uns das Wort von niemandem verbieten lassen. Nicht nur die Gedanken sind frei in der Demokratie des Grundgesetzes. Da sind mir die Mitteldeutschen ein großes Vorbild, die mit den Parolen »Wir sind das Volk« und »Wir sind ein Volk« – allesamt Unwörter der damals herrschenden Sozialisten in Ost *und* West! – unter Lebensgefahr auf die Straße gegangen sind.

Währenddessen saßen wir im Westen mit Chips und

Cola bequem vor dem Fernseher und schauten distanziert, wie das da wohl ausgeht in Plauen, Leipzig, Görlitz, Rostock oder Dresden. Eine Art Reality-TV.

Selbst westliche Medien, demokratisch legitimierte Politiker oder klerikale, kirchensteuerfinanzierte Funktionäre fanden damals den »Sozialismus mit menschlichem Antlitz« tausendmal attraktiver als diese reaktionären Wiedervereinigungs-»Spinner«. Doch die haben sich keinen Maulkorb umhängen lassen und kuschten weder vor der Stasi noch vor russischen Panzern noch vor der Mainstream-Meinung westlicher Pseudo-Intellektueller.

Beim Magdeburger Handballer Stefan Kretzschmar oder auch bei mir geht es heute nur um den »guten Ruf«, das werden wir wohl noch ertragen können. Denn wer zuletzt lacht, lacht bekanntlich am besten. »Nur die Wahrheit macht frei« (*Johannes* 8, 31–33).

Was bringt Deutschlands Zukunft?

Ich habe ihn schon zu Anfang meiner Medienzeit interviewt. Damals per Telefon als Moderator bei der *Europawelle Saar*. Immer interessant, kompetent und auf den Punkt: der »ewige« Zukunftsforscher Professor Horst Opaschowski (79) aus Hamburg. Was ich an ihm schätze: Er ist auf keine politische Farbe festzulegen, ist immer an der Sache und den statistischen Fakten orientiert. Kein Blick in die Glaskugel oder durch die rosarote Brille von Mainstream-Ideologien, sondern auf Wissenschaft und Forschung basierte Meinung. Umso hellhöriger wird man, wenn er geradezu testamentarisch beschreibt, was er drohend auf Deutschland zukommen sieht. Nichts Gutes, so viel vorweg. Es klingt fast apokalyptisch, was er den *BILD*-Kollegen beschreibt.

»Die größte Armut im Alter wird die Kontaktarmut sein.« Immer mehr Menschen leben allein – können jedoch allein nicht leben. Was man in jüngeren Jahren durch Berufstätigkeit und Freizeitvergnügen vielleicht noch überspielen kann: Im Alter schlägt die Einsamkeit voll durch und in Depression und Demenz um. Seit 2018 hat England ein Einsamkeitsministerium, auch in Deutschland gibts dazu Forderungen. Berlin soll jetzt einen Einsamkeitsbeauftragten bekommen – in gewohnt deutscher behördlicher Gründlichkeit: »Projektmittel von 100 000 Euro jährlich für die Einsamkeitsstelle«. Aber ist das die Lösung? Mit Bürokratie ist der Kontaktarmut nicht beizukommen.

Es sollten sich die mal selbstkritisch fragen und in die Pflicht nehmen lassen, die früher für »Kontakte« zuständig waren, allen voran die Kirchen. Doch die setzen in peinlichem Jugendwahn oft nur noch auf die kommende Generation. Man will ja schließlich nicht als überaltertes Kaffeekränzchen mit Seniorentanz wahrgenommen werden. Dann doch lieber ein Bündnis mit »Fridays for Future«. Aber auch Familien, Nachbarschaften, Vereine sind gefragt. Einsamkeit ist eine Katastrophe, die ohne viel Geld zu bekämpfen ist. Allein Zeit ist nötig.

Jeder Zweite, der heute geboren wird, kann hundert Jahre alt werden. Wer nur noch mit dem Handy aufwächst und sich ins elektronische Schneckenhaus zurückzieht, geht im Alter unter. Der bekannte Demenzforscher Professor Andreas Kruse (Heidelberg) warnte vor Jahren in meiner Sendung:

»Wer keine zwischenmenschlichen Erlebnisse und Erfahrungen hat, wer nichts auswendig gelernt oder gelesen hat, wer nur die einsam-isolierte Twitterei kennt, ist in hohem Alter mit großem Demenzrisiko verloren.« Ich erlebe es selbst bei Besuchen in Altenheimen: Die Senioren blühen auf, wenn man mit ihnen alte Volks- oder Kirchenlieder singt oder alte Erinnerungen abruft.

Als großes Problem der Zukunft macht Professor Opaschowski den immer früheren und vor allem erzwungenen Eintritt ins Rentenalter aus: »Für viele hat der Renteneintritt Fallbeilcharakter.« Es ist klar, dass viele Berufe körperlich so anstrengend sind, dass die Rente gerade rechtzeitig kommt. Aber die meisten würden gerne weitermachen. Viele sind ja mit siebzig heute noch agiler und aktiver als manche 50-Jährigen es vor hundert Jahren waren. Sie würden gerne weiter arbeiten, aber man lässt sie nicht – wegen einer total willkürlichen Grenze. Viele Rentner gehören an einen passenden Arbeitsplatz statt in den Schaukelstuhl.

Zumindest würden sie sich gern noch in die Gesellschaft einbringen. Aber sie wissen nicht, wie. So liegt das Können und Wollen vieler Älterer schlichtweg brach. Ich muss immer an den Dichter des *Kleinen Prinzen*, Antoine de Saint-Exupéry denken: »Das Leben eines Älteren ist wie ein Schiff, beladen mit wertvoller Fracht.« Und das wird, im Bilde gesprochen, versenkt. Man könnte zum Beispiel eine »Generationen-Börse« machen, wo Ältere den Jüngeren ihre Lebenserfahrungen anbieten. Mancher Betrieb wäre sicher froh, noch jemand zu haben, der mit ein paar Handgriffen aus langer Berufserfahrung heraus eine Maschine wieder in Gang bringt. Oder sei es, mit Kindern einen Drachen zu bauen oder einer vaterlosen Generation Tradition und Geschichte zu vermitteln. Denn nur wer seine Herkunft kennt, hat Zukunft.

Unsere Politik braucht eine Vision wie seinerzeit die Mondlandung. Das muss nicht so bombastisch sein, aber man braucht klare Ziele für ein Projekt, das unser Land für zehn oder zwanzig Jahre begeistern kann. Kennedys Rede an die Amerikaner ist legendär: »Wir haben beschlossen, in zehn Jahren zum Mond zu fliegen.« Was wir heute alles so beschließen, klingt zu hektisch, zu sehr von Wahlterminen diktiert, zu pragmatisch oder zu allgemein, um visionär und begeisterungsfähig zu sein. Bessere Bildung und Digitalisierung oder mehr Vereinbarkeit von Familie und Beruf – solche unverbindlichen Allgemeinplätze reißen niemanden vom Stuhl.

Noch eine Opaschowski-Horrorvision: »Die 40- bis 50-Jährigen sind die doppelt Gekniffenen.« Damit spricht er an, was gerne verdrängt wird. Nach dem Motto: Es ist doch noch immer gut gegangen. Doch viele dieser Generation können trotz Arbeit kein Eigentum erwerben und auch für ihre Rente nicht vorsorgen. Stattdessen werden wir von volksfernen Politikern dazu aufgerufen, fürs Alter Geld auf die hohe Kante zu legen. Nur: Wie soll das laufen? Das ist ein echter Teufelskreis. »Die Angst vor dem Notfall im Alter ist der Normalfall der Jungen.« Und was die Bildung von Eigentum angeht: Es wäre besser, unsere Polit-Ideologen würden viele zu Eigentümern machen, statt wenige zu enteignen.

Das alles könnten jedoch Luxusprobleme sein, wenn ein anderes Szenario aufgeht: Uns droht eine flächendeckende

Parallelgesellschaft. Eine immer größere »Community«, die ihre eigenen Gesetze, Bräuche und Rituale hat. Schon jetzt ist einer der häufigsten Namen der in Deutschland geborenen Jungen Mohammed. In Berlin beklagte eine Rektorin, dass von 108 eingeschulten Kindern nur noch ein deutsches ist.

Das sind weder Horrorvisionen noch Propaganda, das ist schlichte Mathematik und saubere Statistik. Da kaum jemand der über zwei Millionen Flüchtlinge (seit 2015) zurückgeführt wird oder freiwillig wieder geht (was ja normal ist, wenn der Fluchtgrund entfällt) und jährlich eine weitere Großstadt dazukommt, muss man tatkräftig verhindern, dass eine Parallelgesellschaft entsteht. Wenn das Christentum wirklich unsere tragende Kultur ist, dann kann ich nur mit Peter Scholl-Latour sagen: Ich fürchte nicht die Stärke des Islam, sondern die Schwäche des Christentums.

Aus falsch verstandener Toleranz wird Tafelsilber verschleudert und noch nicht mal ein Linsengericht eingefordert. Während des Ramadan verzichten Schulen inzwischen auf Ausflüge und Feste, aber auch Weihnachtsfeiern oder Osterbräuche werden aus Rücksicht abgeschafft. Das frühere Osterei ist längst zum Schoko-Ei mutiert. Wenn sich eine Mehrheit freiwillig und in vorlaufendem Gehorsam unterwirft, könnte es bald ein böses Erwachen geben: wenn die Mehrheitsverhältnisse sich geändert haben. Opaschowski rechnet mit zwanzig Jahren.

Das wichtigste Bollwerk gegen eine Parallelgesellschaft sei es, Integration mit aller Macht zu fordern. Doch dazu sind selbst die weltanschaulichen Mitträger unserer Kultur, die Kirchen, zu schwach und zu angepasst. Wenn konfessio-

nelle Schulen schließen und selbst in christlichen Kindergärten das Kreuz von der Wand genommen wird, braucht
man von Integration gar nicht zu reden. Das nennt man auf
Deutsch: Unterwerfung.

Da wird Toleranz zum Tarnwort für Akzeptanz. Der
Deutsche Fußballbund (DFB) scheint es zu akzeptieren, dass
deutsche Nationalspieler türkischer Herkunft den Krieg gegen die Kurden verherrlichen. Mir hätte es schon gereicht,
dass manche sich weigern, unsere Hymne mitzusingen. Dass
gleichzeitig in deutschen Moscheen für Erdogans Sieg in
Nordsyrien öffentlich gebetet werden darf – man glaubt es
nicht. Und wenn die Hauptschimpfwörter und das schärfs-
te Mobbing auf deutschen Schulhöfen »Jude«, »Christ«,
»Schwuler« sind, muss es einem um die Zukunft bange sein.
Dann werden wir bald andere Probleme haben als Einsamkeit und Altersarmut.

Einziger Trost ist für mich die Grundurkunde unserer
Kultur, die Bibel. Jesus Christus ist Realist, kein Illusionist:
»In der Welt habt ihr Angst.« Jawohl! Doch danach kommt
ein dickes Aber: »Aber seid getrost, ich habe die Welt über-
wunden« (*Johannes-Evangelium* 16, 33). Ich würde verzweifeln, wüsste ich nicht: Trost heißt Gegenwart Gottes im
Leid. Auch im Leiden an unserer Gegenwart. Insofern: Ja,
ich bin bei Trost!